U0609778

纪念改革开放40年丛书

中国税制改革：迈向统一市场的步伐

李时宇　著

中国财经出版传媒集团

经济科学出版社

Economic Science Press

图书在版编目（CIP）数据

中国税制改革：迈向统一市场的步伐/李时宇著．
—北京：经济科学出版社，2018.12
（纪念改革开放 40 年丛书）
ISBN 978 - 7 - 5218 - 0007 - 4

Ⅰ.①中… Ⅱ.①李… Ⅲ.①税收改革 - 研究 -
中国 Ⅳ.①F812.422

中国版本图书馆 CIP 数据核字（2018）第 280944 号

责任编辑：申先菊
责任校对：郑淑艳
版式设计：齐 杰
责任印制：王世伟

中国税制改革：迈向统一市场的步伐

李时宇 著

经济科学出版社出版、发行 新华书店经销
社址：北京市海淀区阜成路甲 28 号 邮编：100142
总编部电话：010 - 88191217 发行部电话：010 - 88191522
网址：www. esp. com. cn
电子邮件：esp@ esp. com. cn
天猫网店：经济科学出版社旗舰店
网址：http：//jjkxcbs. tmall. com
北京季蜂印刷有限公司印装
710 × 1000 16 开 11.25 印张 210000 字
2018 年 12 月第 1 版 2018 年 12 月第 1 次印刷
ISBN 978 - 7 - 5218 - 0007 - 4 定价：59.00 元
（图书出现印装问题，本社负责调换。电话：010 - 88191510）
（版权所有 侵权必究 打击盗版 举报热线：010 - 88191661
QQ：2242791300 营销中心电话：010 - 88191537
电子邮箱：dbts@ esp. com. cn）

前言/PREFACE

　　税制改革作为财税体制改革的重要组成部分，一直服务于经济体制改革，并随着经济体制改革的不断深化进行调整和完善。改革开放 40 年，中国税制完成了从计划经济体制下被过度简化的税制向市场经济体制下较为完善的复合税制的转变。本书提出了我国税制改革的理论框架与基本线索，并在此框架下，深入研究了改革开放 40 年税制改革所经历的相互联系的四个阶段，是如何在财政汲取能力、中央和地方两个积极性、税收征管能力，以及宏观经济环境等约束条件的制约下，逐步向着"统一市场"这一总目标迈进，从而实现"全面发展"这一落脚点。中国税制改革没有采取一步到位的改革思路，而是根据不同时期的约束条件，采用次优改革措施，并在约束条件放宽后继续推进改革并逐步实现目标。遵循上述思路，现阶段统一市场已基本形成：流转税体系在一系列改革后基本完成了统一产品市场的建立，而所得税体系的改革也基本实现了统一要素市场的建立。在四个约束条件中，中央和地方两个积极性逐渐成为最主要的紧约束，关于地方税制的改革成为未来税制改革的主要关注点。在"财政是国家治理的基础和重要支柱"的思想指导下，税制改革的目标从迈向统一市场逐步过渡到推动国家治理，税收制度也从嵌入经济，过渡到嵌入经济、社会、生态等方方面面。

李时宇

2018 年 10 月

目录/CONTENTS

/第 1 章/

绪　　论

1.1　中国税制改革的时代背景

中国税制改革 40 年的历程，是中国税收制度适应时代要求和经济社会发展，不断创新改革的伟大历程。一方面，中国税制改革很好地体现了经济学理论指导与中国实践相结合的改革历程；另一方面，作为一个典型的发展中大国，中国从封闭的计划经济转向开放的市场经济过程中的税制改革经验也将给其他发展中大国提供重要借鉴意义。① 因此，总结中国过去 40 年税制改革的基本经验就变得非常有意义。

改革开放 40 年来，中国税制与中国整体经济的改革开放过程相适应，从计划经济体制下被过度简化的税制转向社会主义市场经济体制下的复合税制。改革开放初期，在原有计划经济的税收体系下，对增量的市场经济部分（如外资企业、个体工商户等）建立了一系列新的税种，形成了多环节、多税种、多层次的复合税制；随着市场经济的不断壮大，这种复合税制的各种扭曲效应被不断放大，进行税制改革以构建更加有利于公平竞争的统一市场变得非常迫切。随着市场经济的不断发展和完善，一个适应市场经济发展、更有利于统一的要素和产品市场形成的税收制度，被逐步建立起来。在这个过程中，基于财政汲取能力、中央和地方两个积极性、税收征管能力和宏观经济环境等约束条件，采取了分阶段逐步实现目标的改革方式。

---

①　比如印度 2017 年开展的商品和服务税（Good and Service Tax，GST）改革就是为建立全国统一市场进行的改革尝试。

本书在一个统一的理论框架下对改革开放以来税制改革的主线和逻辑进行了梳理。中国税制改革的分析框架可以总结为一个目标和四个约束条件。一个目标是建立统一市场，包括统一的产品市场和统一的要素市场，从而推动全面发展。四个约束条件分别是财政汲取能力、两个积极性、税收征管能力，以及宏观经济环境。因为受到这些约束条件的限制，税制改革不能采取一步到位的改革思路，而是根据不同时期的约束条件，从建立市场，到大刀阔斧的改革，再到现有体系内的逐步完善，最终一步一步地逼近了目标。

根据主要的税制改革年份和国家整体改革目标演进等关键节点，我们可以把40年的税制改革大致划分为四个阶段：第一阶段是1978 — 1993年，从计划经济时代的税制出发，初步建立起一套适应社会主义有计划商品经济发展的复合税制，并在该体制内进行了不断的修补；第二阶段是1994年暴风骤雨式的工商税制改革及其之后对新税制的不断完善，通过大刀阔斧的改革，形成适应社会主义市场经济发展需要的、较为完善的复合税制；第三阶段是2003 — 2012年的完善税制改革阶段，通过对税收体系内遗留问题的进一步改革，基本建立统一的资本要素市场；第四阶段是2013年以来的新时代税制改革阶段，伴随着阻碍统一市场构建的最后一些因素的改革，基本上建立了适应统一市场的税收体系。

上述相互联系的这四个阶段，是如何在当时各种约束条件的制约下，逐步向统一市场这一总目标迈进的？税制改革作为财税体制改革的重要组成部分，一直服务于经济体制改革，并随着经济体制改革的不断深化进行调整和完善。在统一市场基本形成的现阶段，在"财政是国家治理的基础和重要支柱"的思想指导下，中国税制改革的未来走向如何？这些问题构成了本书的主题。

1.2 中国税收制度的重要变迁总结

中国的税收制度伴随着中国经济体制改革的发展不断演变。改革开放之初，市场经济从无到有，与多元化市场主体相适应的税收制度相继建立，即建立了一套多环节、多税种、多层次的复合税制；从计划和市场并存的多轨制，到全面转向社会主义市场经济，与社会主义市场经济相适应的税制建立起来，即通过大刀阔斧的税制改革，废除或修改了大部分造成市场分割的税种；随着社会主义市场经济的进一步完善，税收制度中依然剩余的造成市场分割的因素，也逐渐被废除或修改。相应地，一个适应统一市场发展的复合税制最终建立起来。

图 1-1 总结了流转税类改革的关键节点，及其与统一产品市场建立的关系。计划经济时代的流转税类（包括 1950 年的货物税和工商营业税，1958 年的工商统一税，再到 1973 年的工商税）本质上都是对销售额或营业额全额征收的产品税、营业税，导致产品实际税负与生产环节相关，重复征税问题严重。经过 1984 年工商税制改革和之后的增值税试行范围扩大，形成了工商统一税、产品税、增值税和营业税四税并存的局面；经过 1994 年工商税制改革，形成了以增值税为核心的流转税系；经过 2003—2009 年增值税转型的试点和全国推行，形成了消费型增值税；经过近年来的"营改增"试点及全国推广，营业税彻底被增值税取代，最终使得不同所有制经济之间的流转税负趋于平等、货物和服务之间的税负趋于平等，统一的产品市场基本建立。

图 1-2 总结了企业所得税改革的关键节点，及其与统一资本要素市场建立的关系。在改革开放初期建立的复合税体系中，不同所有制形式的企业适用不同的企业所得税制度。经过 1988—1993 年税利分流和 1991 年统一外资企业所得税制度，缩小了国有企业与其他企业之间的税率差异，也公平了外资企业之间的所得税税负；经过 1994 年统一内资企业所得税制度，公平了内资企业之间的所得税税负；经过 2008 年的"两法"合并，以及相关税收优惠政策的清理和转变，最终使得不同所有制经济之间和不同地区之间的企业所得税税负趋于平等，统一的资本要素市场基本建立。

图 1-3 总结了个人所得税改革的关键节点，及其与统一劳动力要素市场建立的关系。在改革开放初期建立的复合税体系中，不同所有制企业中的劳动者，适用不同的个人所得税制度。经过 1994 年工商税制改革，统一了名目繁多的个人所得税类；经过 2003—2012 年个人所得税改革，内外籍人员费用扣除标准的差距逐步缩小；经过 2018 年分类所得税制向综合与分类相结合的个人所得税制转变，最终使得不同所有制经济里劳动者的税负趋于平等、不同来源的劳动所得之间税负趋于平等，统一的劳动力要素市场基本建立。

改革开放初期的税制改革（1978—1993年）

- 1984年工商税制改革
  - 措施：1984年工商税制改革
  - 特点：适应市场，建立新税种，形成一套内外有别、多税种的流转税税系
  - 局限：市场分割：内外资企业适用不同的流转税；不同货物（服务）的流转税政策不同
- 1985—1993年增值税试行范围扩大
  - 特点：流转税税系从产品税一家独大到"三税鼎立"
  - 局限：市场分割：适用不同货物（服务）的流转税政策不同

1994年工商税制改革及其完善（1994—2002年）

- 1994年取消了工商统一税和产品税，建立了以增值税为核心的流转税税系
  - 特点：统一了货物的流转税政策；统一了内外资企业的流转税政策
  - 局限：市场分割：对固定资产重复征税；货物和服务之间流转税政策不同

完善税制改革时期（2003—2012年）

- 2003—2009年增值税转型试点和全国推行
  - 特点：公平了机器设备等固定资产和其他产品的税负
  - 局限：市场分割：货物和服务之间流转税政策不同

新时代税制改革时期（2013年至今）

- 2012—2016年营改增；2017年至今增值税简并、下调税率
  - 特点：统一了货物和服务之间的流转税政策；缩小了增值税各档税率的差距
  - 局限：统一的产品市场基本建立

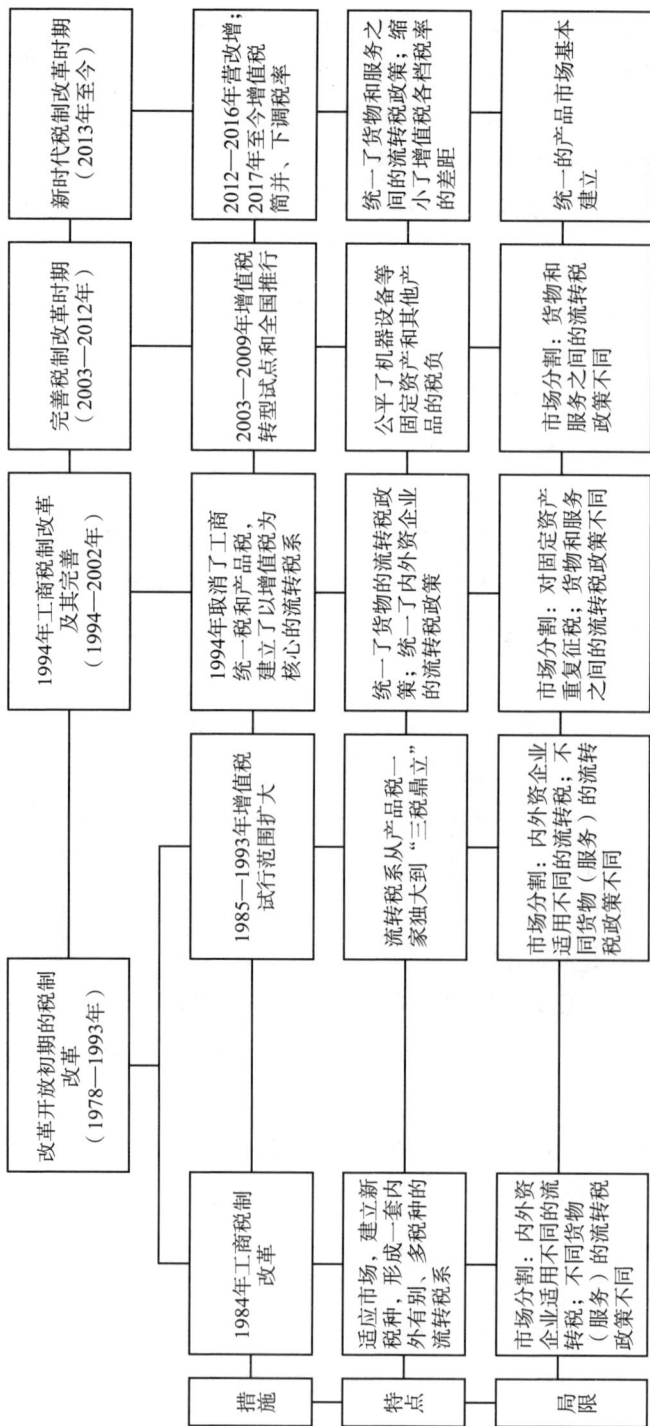

图1-1 统一产品市场的建立

改革开放初期的税制改革（1978—1993年）

1983—1984年利改税；1984年工商税制改革

适应市场，建立新税种，形成一套针对不同经济成分的企业所得税系

市场分割：不同经济成分的企业适用不同企业所得税制度

1988—1993年税利分流；1991年统一外资企业所得税制度

缩小了国有企业与其他企业的所得税率差异；公平了内资与外资企业间的所得税税负

市场分割：内资企业之间以及内资与外资企业之间所得税政策存在差异

1994年工商税制改革及其完善（1994—2002年）

1994年统一了内资企业所得税制度

公平了内资企业之间的所得税税负

市场分割：内资和外资企业之间所得税政策存在差异

完善税制改革时期（2003—2012年）

2008年"两法合并"统一了内资和外资企业所得税制度

内资和外资企业处于同一所得税制中，公平了税负

统一的资本要素市场基本建立

措施　特点　局限

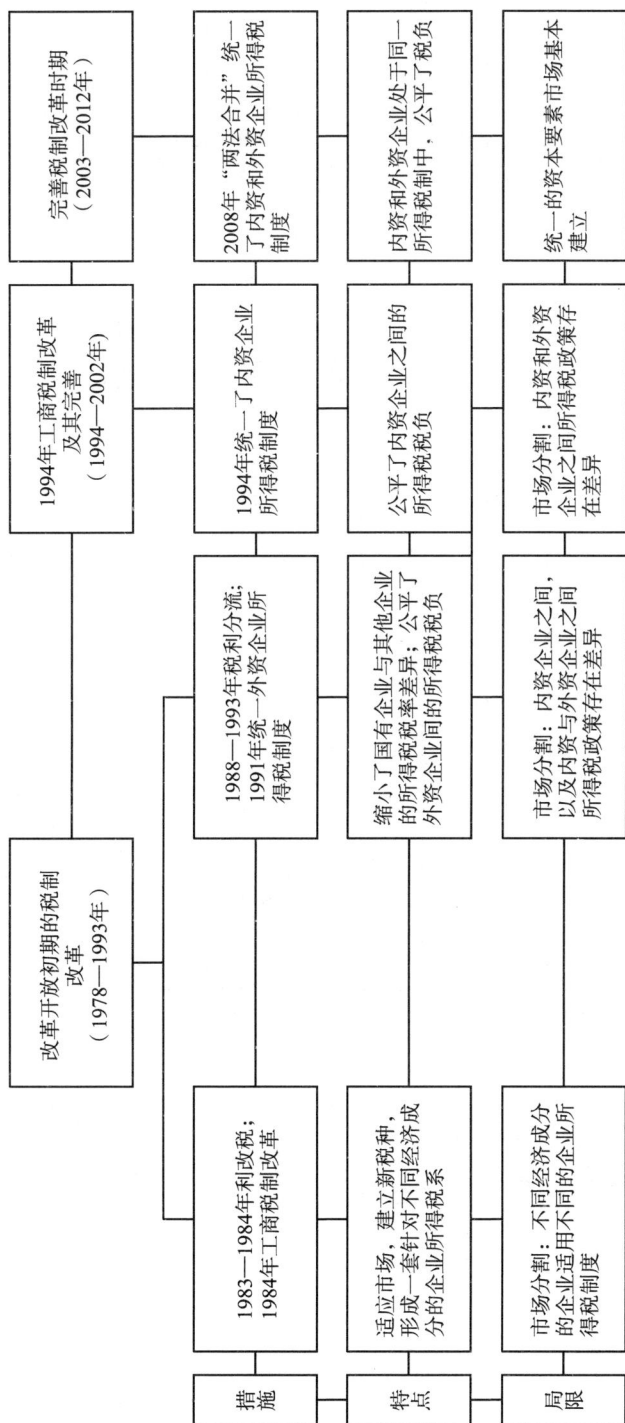

图1-2　统一资本要素市场的建立

	改革开放初期的税制改革 （1978—1993年）	1994年工商税制改革及其完善 （1994—2002年）	完善税制改革时期 （2003—2012年）	新时代税制改革时期 （2013年至今）
措施	1980年出台个人所得税法； 1985—1986年出台各类型奖金税、调节税	1994年统一了个人所得税制度	2005年、2008年、2011年个人所得税法实施条例修订	2018年个人所得税法修正
特点	适应市场，建立新税种，形成一套多税种的个人所得税体系	取消和合并了奖金税、调节税等所得税等税种，个体所得税、统一的个人所得税制度	提高了免征额，缩小了内外籍人员费用扣除标准的差距	对不同来源的劳动所得，实行综合征收的方法，适用综合统一税率
局限	市场分割：不同所有制企业中的劳动者，适用不同的个人所得税制度	市场分割：内外籍人员费用扣除标准不同；不同来源的劳动政策不统一	市场分割：内外籍人员费用扣除标准政策不同；不同来源的劳动所得税收政策不统一	统一的劳动力要素市场基本建立

图1-3 统一劳动力要素市场的建立

1.3 主要内容和结构安排

本书共分为 8 章，其主要内容和结构安排如下：

第 1 章 绪论。本章阐述中国税收制度改革的时代背景，总结中国税收制度的重要变迁，以及列出本书的主要内容和结构安排。

第 2 章 中国税制改革理论框架：目标与约束。本章把中国税制改革的主要线索归纳为一个目标和四个约束条件。从理论基础和现实背景两个方面，总结出中国税制改革的总目标为"统一市场、全面发展"。改革开放初期，为适应新生市场主体，我国形成了一套多环节、多税种、多层次的复合税制。随着社会主义商品经济的进一步发展，市场分割作为这套复合税制的问题之一，所带来的扭曲效应也逐步凸显。为解决当时税制中存在的市场分割问题，促进全国统一市场的形成和发展，迈向统一市场就成为税制改革的总方向，而推动全面发展就成为税制改革的落脚点。这两者相互联系、相互促进，共同构成我国税制改革的主线索。四个约束条件为财政汲取能力、中央和地方两个积极性、税收征管能力以及宏观经济环境。中国税制改革没有采取一步到位的改革思路，而是根据不同时期的约束条件，采用次优改革措施，并在约束条件放宽后继续推进改革并逐步实现总目标。

第 3 章 改革开放初期的税制改革（1978 — 1993 年）。本章利用第 2 章提出的理论框架，具体分析这一时期主要税制改革（如利改税、1984 年工商税制改革、税利分流等）背后的逻辑。这一时期的税制改革可以分为两部分：第一部分，利改税和 1984 年工商税制改革，其主要特点是适应新生市场主体，即为改革开放后新出现的经济主体建立一系列新税种，如分别建立了一套内外有别和多税种的流转税系、一套针对不同经济成分的企业所得税系，以及一套多税种的个人所得税系，从而形成了一套多环节、多税种、多层次的复合税制。该税制有助于把更多的经济成分纳入经济发展的整体调控上来，从而有利于市场的建立，但也为市场分割埋下了伏笔。第二部分，税利分流和增值税试行范围扩大，其特点是逐步开始解决上述这套复合税制带来的市场分割问题，如税利分流，缩小了国营企业和其他企业之间的所得税税率，使要素市场向统一市场的方向迈出了一步；增值税试行范围的扩大，使产品市场向统一市场的方向迈出了一步。但受困于各种约束条件，这个时期为构建统一市场而进行的改革进展并不快。

第 4 章　1994 年工商税制改革。本章利用第 2 章提出的理论框架，具体分析这一时期税制改革背后的逻辑。改革开放初期形成的复合税制，虽然推动了市场的建立，但也导致了市场严重分割的现象。1992 年中共十四大报告要求尽快形成全国统一的开放的市场体系；1993 年中共十四届三中全会也提出了"统一税法、公平税负"的原则。这些对税制改革继续朝着统一市场的方向迈进，提出了紧迫的要求。1994 年的税制改革不论从要素市场还是产品市场，都向统一市场的目标迈出了坚实的一步。内资企业所得税的统一，有利于资本要素市场的统一；内外统一的个人所得税制度，有利于劳动力要素市场的统一；取消产品税、工商统一税，形成以增值税为核心的内外统一的流转税制度，有利于产品市场的统一。但是因为约束条件的制约，统一市场的税制构建不能一蹴而就，这也就为之后进一步完善税制改革提出了任务清单。

第 5 章　完善税收制度的改革（2003—2012 年）。本章利用第 2 章提出的理论框架，具体分析这一时期主要税制改革（如"两法"合并、增值税转型等）背后的逻辑。2002 年中共十六大报告指出要"健全统一、开放、竞争、有序的现代市场体系"，"促进商品和生产要素在全国市场自由流动"。2003 年，中共十六届三中全会指出要按照"简税制、宽税基、低税率、严征管"的原则，分步实施税收制度改革。在这一原则的指导下，2003—2013 年相继开展了一系列税收制度改革，如"两法"合并、个人所得税改革、增值税转型等。所得税类的改革，如内资和外资企业所得税的统一，使统一的资本要素市场基本建立；2005 年、2008 年、2011年个人所得税法实施条例的修订，缩小了内籍、外籍人员工资薪金费用扣除标准的差距，促进了劳动力要素市场的统一。流转税类的改革，如增值税由生产型转向消费型，促进了产品市场的统一。宏观经济环境为上述税制改革措施的实行提供了契机；财政汲取能力和税收征管能力的提高，推动了上述税改方案的完成；而中央和地方两个积极性，则成为制约进一步税制改革的主要约束条件。

第 6 章 新时代税制改革的攻坚战（2013 年至今）。本章利用第 2 章提出的理论框架，具体分析这一时期主要税制改革（如个人所得税改革、营业税改征增值税等）背后的逻辑。2013 年 11 月，中共十八届三中全会提出要按照"统一税制、公平税负、促进公平竞争"的原则，深化税收制度改革。2014 年 6 月，中共中央政治局审议通过了《深化财税体制改革总体方案》，进一步提出要建立有利于科学发展、社会公平、市场统一的税收制度体系。这为税收制度最终迈向统一市场奠定了基础。在这一原则的指导下，2013 年以后相继开展了一系列税收制度改革，如"营改增"、综合和分类相结合的个人所得税制的建立，等等。这一期间的税制改革，使统一市场的税收制度基本形成。流转税体系内，取消了营业税，实现了增值税的全覆盖，从根本上解决了货物和服务税制不统一和重复征税的问题；所得税体系内，初步建立了分类与综合相结合的个人所得税制度，税收制度使统一的要素市场基本形成。

第 7 章 税收规模与结构：改革实践的体现。本章阐述了中国税收规模和结构的历史演变，并就三大税类以及主要税种作了简单的国际比较。从税收规模来看，近年来我国税收规模比较稳定，占 GDP 比例在 18% 左右。从税收结构来看，我国形成了流转税和所得税并重的复合税制，流转税中以增值税为核心，占税收收入比重约为 40%；所得税中以企业所得税为主，占税收收入比重约为 22%。从国际比较来看，个人所得税和财产税占比略低，而企业所得税占比略高。

第 8 章 中国税制改革的未来走向。本章具体阐述了国家治理视角下中国税制建设的方向，以及地方税体系建设。本章从营业税取消的现实背景出发，总结了目前地方税收体系的现状，归纳出中国未来税制建设方向，将围绕健全地方税体系展开。而中央和地方两个积极性也将成为税制改革的重要约束条件。地方税体系涉及中央和地方财政关系，对发挥中央和地方两个积极性非常重要，也会对地方政府行为产生重大的影响；另外，与之相关联的税制改革，又都嵌入经济、社会、生态的各个环节。因此，未来税制改革必将体现"财政是国家治理的基础和重要支柱"的指导思想，成为推动国家治理现代化的重要助力。本章从直接税和间接税的角度，梳理和总结了以下五类涉及地方税系建设的税种：个人所得税、房地产税、环境保护税、销售税和增值税。

第 2 章

中国税制改革理论框架：目标与约束

在过去的 40 年中，中国税制改革的理论框架是什么，改革是否有一条基本线索可以归纳？本章通过构建中国税制改革的理论框架，总结税制改革的总目标，以及面对的现实约束条件，回答上述问题。

2.1 税制改革的总目标：迈向统一市场，推动全面发展

中国税制改革的总目标可以归纳为"统一市场，全面发展"，其中统一市场是税制改革的总方向，而全面发展是税制改革的最终落脚点。下文将分别从理论基础和现实背景两个角度对这一总目标进行阐述。

2.1.1 理论基础

本节阐述税制改革的理论基础，包括税制改革与统一市场，以及税制改革与全面发展的关系。

1. 税制改革与统一市场

首先，什么是市场？陈共（2012）指出，"完整的市场系统是由家庭、企业和政府三个相对独立的主体组成"。在不考虑政府的私人经济中，市场就只有两大主体，即消费者（或称家庭）和生产者（或称企业）。从

两大主体交易的对象来看，市场就是产品和要素交易的场所，前者称为产品市场，后者称为要素市场。

根据郭庆旺和赵志耘（2010）的总结，两大微观主体（即家庭和企业）在两大市场（即产品市场和要素市场）的交易，如图 2－1 所示。在产品市场上，企业是产品的供给者，家庭是产品的需求者；在要素市场上（如劳动力、资本等生产要素），家庭是要素的供给者，企业是要素的需求者。

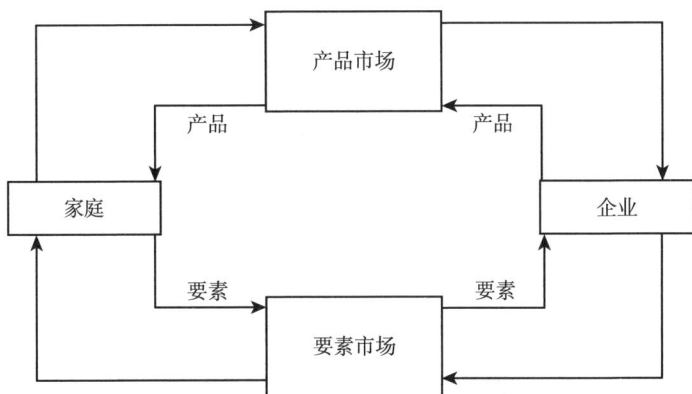

图 2－1 不考虑政府的市场体系

资料来源：郭庆旺，赵志耘．公共经济学［M］．北京：高等教育出版社，2010：18－20．

其次，什么是统一市场？市场统一是与市场分割相对应的。市场分割体现在产品市场上，即货物和服务不能自由流动；体现在要素市场上，即劳动力、资本等生产要素不能自由流动。已有研究表明，市场分割阻碍了商品和要素在全国范围内的自由流动，削弱了市场机制优化资源配置的有效性，造成了资源配置扭曲，带来了效率损失（郑毓盛、李崇高，2003；赵树宽、石涛、鞠晓伟，2008）。即使从单一产业来看（如能源产业），市场分割也通过影响技术效率、规模效率和配置效率三个渠道抑制能源效率（魏楚、郑新业，2017）。从长期来看，市场分割不利于全国整体市场规模经济效应的发挥，阻碍区域协调发展，也阻碍长期经济增长（徐现祥、李郇，2005；陆铭、陈钊，2009；张卫国、任燕燕、花小安，2011）。

最后，税收制度与统一市场有什么关联呢？在考虑政府的市场经济中，政府可以通过财政支出（如提供公共物品）和财政收入（如征税）影响两大微观主体（即家庭和企业）在产品市场和要素市场的交易行为，具体如图 2-2 所示。政府通过向家庭和企业征税，筹集财政收入；同时政府又可以通过不同的财政支出方式，向家庭和企业提供公共物品。本章仅从财政收入的角度，阐述税收和统一市场的关系。具体包括统一的产品市场和统一的要素市场。

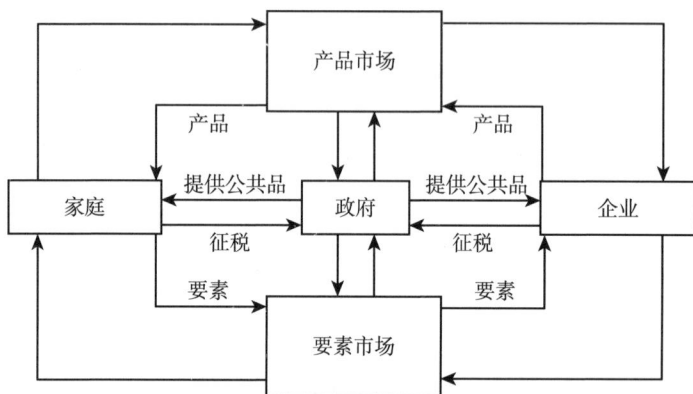

图 2-2 考虑政府的市场体系

资料来源：陈共. 财政学 [M]. 北京：中国人民大学出版社，2012：22.

产品市场的不统一，或者说产品市场的分割有以下两种表现形式：

第一，不同产品的税收待遇（如税率）不同。例如，我国 1984 年 9 月 18 日出台的《中华人民共和国产品税条例（草案）》对 24 类产品（共 270 项产品）规定了不同的税率，从 3% 到 60% 不等。以日用化工类为例，化妆品税率为 40%，护肤护发品税率为 30%，香皂为 12%，肥皂及皂粉为 5%，牙膏为 18%。[①] 对不同的产品分门别类地设置不同的税率，造成了产品之间的分割。对于互为替代的产品而言，高税率产品的产量，相比于征税前会下降，低税率产品的产量会上升。

第二，同一产品（货物和服务），不同的生产环节或不同的销售方式会导致税收待遇（如税率）不同。例如，产品税的重复征税特点，导致同

①　国务院. 中华人民共和国产品税条例（草案）[Z]. 1984-9-18，产品税税目税率表。

一产品的税负随着生产环节的改变而改变；在营业税和增值税并存的情况
下，对同一个餐饮服务，堂食和打包带走征收不同的税，且税率不同。①②

要素市场的不统一，或者说要素市场的分割有以下两种表现形式：

第一，对劳动者报酬的税收待遇（如税率）不同。例如，我国在
1984—1986 年出台了一系列有关奖金税、工资调节税、个人收入调节税
的法规。③ 在这一期间，按照不同企业类型，先后出台了国营企业、事业
单位和集体企业的奖金税；对于国营企业的增发工资，还出台了工资调节
税；此外还有个人收入调节税。类别较多，扣除标准和税率繁杂且不统
一，这些都会造成劳动力市场的分割。

第二，不同类型企业的所得税税收待遇（如税率）不同。例如，我国
在 20 世纪 80 年代不同类型的企业面临的企业所得税税率不同。其中外资
企业分为中外合资经营企业（税率为 33%）和外国企业（超额累进税率，
20%～40%，分为 5 档，最高边际税率对应的下限为 100 万元）。内资企
业分为国营企业—大中型企业（税率为 55%），国营企业—小型企业及
其他（超额累进税率，10%～55%，分为 8 档，最高边际税率对应的下限
为 20 万元），国营企业调节税（核定的基期利润扣除按 55% 计算的所得
税和 1982 年合理留利后的余额，占核定基期利润的比例，为调节税税
率），集体企业（超额累进税率，10%～55%，分为 8 档，最高边际税率
对应的下限为 20 万元），和私营企业（税率为 35%）。可见，不同类型企
业的税率不同，分别为 10%～55%；税率类型各异，有比例税率，也有累
进税率；从而导致不同类型企业的企业所得税税负差异显著，造成了资本
市场的分割。

综上所述，税收与统一市场的关系，就是要在产品市场的不同产品

---

① 中国政府网. 李克强总理会见中外记者并答记者问 [EB/OL]. http://www. gov. cn/xin-
wen/2018 - 03/20/content_5275962. htm#1.

② 国家税务总局. 关于旅店业和饮食业纳税人销售食品有关税收问题的公告 [Z]. 2011 -
11 - 24.

③ 国务院. 中华人民共和国城乡个体工商业户所得税暂行条例 [Z]. 1986 - 01 - 01.
财政部. 中华人民共和国个人收入调节税暂行条例施行细则 [Z]. 1986 - 12 - 10.
国务院. 国营企业奖金税暂行规定（1985 修订）[Z]. 1985 - 01 - 01.
国务院. 集体企业奖金税暂行规定 [Z]. 1985 - 08 - 24.
国务院. 事业单位奖金税暂行规定 [Z]. 1985 - 01 - 01.
国务院. 国营企业工资调节税暂行规定 [Z]. 1985 - 01 - 01.

（包括商品和服务）之间，以及要素市场的同一要素（如劳动力、资本等）之间，实行相同的税收待遇，不能因税收待遇的差异，造成产品市场的分割或是要素市场的分割。

2. 税制改革与全面发展

什么是发展？陈共（2012）总结了财政的四大职能：资源配置职能、收入分配职能、经济稳定职能和经济发展职能，并指出增长和发展是两个不同的概念。增长通常可以用国民生产总值及其人均水平来衡量，而发展是比增长更广的一个概念。因此，可以把增长理解为发展的第一个含义，即诸如资本和劳动力等生产要素的增加带动产出的增长，或是在生产要素不变的情况下，生产效率的提高带动产出的增长。也可以理解为社会生产可能性曲线外移。除了增长，发展还有更深层次的含义，如结构优化，福利提高（郭庆旺、赵志耘，2010）；如通过物质生产的不断增长来全面满足人们不断增长的基本需要（陈共，2012）；如发展必须是科学发展，包括创新、协调、绿色、开放、共享的发展理念（习近平，2017）。

税制改革和全面发展之间有什么关系呢？谢旭人（2009）指出，必须把推动发展作为税制改革的第一要务，税制改革肩负着为国家提供税收制度和税收体制的重任，必须实施有利于科学发展的税收制度。因此，可以理解税制改革的落脚点就是要推动全面发展。

2.1.2 现实背景

在改革开放以前，中国的税制过于简化。1978 年，工商税占税收收入的比例为 76%，工商所得税为 10%，其他占比超过 1% 的税种只有关税、农牧业税和盐税。[①] 在改革开放后的放权让利过程中，外资企业、乡镇企业、个体工商户等经济主体不断出现，并成为推动经济发展的重要力量。随着新经济主体地位的不断上升，对于这些经济主体如何纳入财税体系之

---

① 关税和农牧业税数据来源：中国财政年鉴编辑委员会. 中国财政年鉴 [M]. 北京：中国财政杂志社，1992；其余数据来源：国家税务总局. 中国税务年鉴 [M]. 北京：中国税务出版社，1993。

中展开了各种尝试。体现在税收制度上，就是为这些新经济主体建立了一系列新的税种：如针对不同经济成分的企业，分别设立了不同的企业所得税；针对不同经济成分中的劳动者，设立了不同的奖金税、调节税等；针对内资和外资企业，设立了不同的流转税。为适应新生市场主体，形成了一套多环节、多税种、多层次的复合税制。

随着社会主义商品经济的进一步发展，市场分割作为这套复合税制的问题之一，带来的扭曲效应也逐步凸显。1984 年，中共十二届三中全会通过的《中共中央关于经济体制改革的决定》，提到了"社会主义的统一市场"。之后，伴随着有计划的商品经济体制向社会主义市场经济体制的转变，"统一市场"一词也在多个重要政府文件中被反复强调。①

如前所述，市场分割会带来效率损失，影响规模经济效应的发挥，阻碍经济增长。为解决当时税制中存在的市场分割问题，促进全国统一市场的形成和发展，迈向统一市场就成为税制改革的总方向，而推动全面发展就成为税制改革的落脚点。这两大目标相互联系，相互促进，共同构成我国税制改革的主线索。

在总目标确定的情况下，可以实施哪些税制改革方案，取决于不同时期具体的约束条件。本章接下来的篇幅，具体阐述四大约束条件：财政汲取能力、中央和地方两个积极性、税收征管能力和宏观经济环境。

2.2　约束条件一：财政汲取能力

财政汲取能力是税制改革的首要约束条件。从财政职能的历史演变来看，早期的财政职能强调筹措资金的财政收入职能。税收作为政府财政收入的主要来源，是最重要的筹措财政资金的渠道，如税收收入占财政收入

---

① 如 1990 年《中共中央关于制定国民经济和社会发展十年规划和"八五"计划的建议》提到"促进全国统一市场的形成和发展"；2001 年《中华人民共和国国民经济和社会发展第十个五年计划纲要》提到"建立和完善全国统一、公平竞争、规范有序的市场体系"，"废除阻碍统一市场形成的各种规定"；2003 年中共十六届三中全会《关于完善社会主义市场经济体制若干问题的决定》提到"加快建设全国统一市场"；2013 年中共十八届三中全会《关于全面深化改革若干重大问题的决定》提到"清理和废除妨碍全国统一市场和公平竞争的各种规定和做法"。

的比重在 1950 年为 79%、1978 年为 46%、2000 年为 94%、2017 年为 84%。[1]

税收制度的建立必须遵循一定的指导思想，即税收原则。课税原则规定政府对什么征税，征多少税，如何征税，是政府在设计税收制度和税收体系应遵循的理论原则。从早期的税收原则来看，发展较为完备的有瓦格纳的税收原则。[2] 瓦格纳（1958）提出了四大税收原则，其中财政收入原则（Financial Principles）是摆在首位的。该原则强调了收入充分（Adequacy of Yield）和收入弹性（Flexibility of Taxation），前者指出税收收入应充分满足国家的财政需要，后者提出税收应随着财政支出需要的变动及时地做出调整。[3] 这两项原则均从财政收入的角度出发，强调了税收在满足财政支出、保证财政汲取能力方面的重要性。

因此，税制改革应该把财政汲取能力作为首要约束条件，考虑具体的税制改革对税收收入总量的影响和对税收收入弹性的影响，即不仅要考虑该项改革对当期税收收入的影响，也要考虑其对未来税收收入的影响。

2.3　约束条件二：中央和地方两个积极性

税制改革的第二个约束条件便是中央和地方两个积极性。关于中央和地方的关系，早在毛泽东（1956）的《论十大关系》里就有详细阐述。[4] 中共十九届三中全会也强调了中央和地方两个积极性的重要性："治理好我们这样的大国，要理顺中央和地方职责关系，更好发挥中央和地方两个积极性。"[5]

在税制改革方面，也要注重中央和地方两个积极性。郭庆旺和吕冰洋（2014）指出，在处理中央和地方财权关系方面，无非有三种，即分税、

---

① 中经网统计数据库，此处财政收入是指一般公共预算收入。

② 阿道夫·瓦格纳（Adolf Wagner）是德国社会政策学派的代表人物。

③ Wagner A. *Three Extracts on Public Finance* [C]. In: Musgrave R. A., Peacock A. T. *Classics in the Theory of Public Finance* [M]. London: Palgrave Macmillan, 1958.

④ 毛泽东. 论十大关系. 1956 年 4 月 25 日中共中央政治局扩大会议，人民日报，1976 – 12 – 26.

⑤ 新华网，http://www.xinhuanet.com/2018 – 02/28/c_1122468000.htm，2018 – 02 – 28.

分成和转移支付。在保证中央税收收入的情况下，也应注重调动地方政府的积极性，具体体现在：

第一，地方政府需要拥有能基本满足当地政府经常性支出的税收收入；

第二，考虑具体的税制改革不应损害地方政府的积极性，如大幅度减少地方政府的税收收入；

第三，不仅要考虑税制改革对地方政府税收收入的影响，也要考虑其对地方政府行为的影响，如是否会引起地方政府间的负面税收竞争，是否会引起地区贸易保护主义，等等。

2.4　约束条件三：税收征管能力

税制改革的第三个约束条件便是税收征管能力。税收征管能力与税务人员的人数、技能、敬业精神，以及纳税人的合作情况有关。在同一税收制度下，税收征管能力越强，财政汲取能力就越强；税收征管能力越弱，财政汲取能力就越弱。

在税制改革方面，应该考虑税务部门实际的税收征管能力，即税制改革的具体措施，要与同时期的税收征管能力相匹配。如果实施的税制改革具体措施，需要较高的税收征管能力配合，而现实中的税收征管能力又达不到这一高水平，就会让该改革措施的效果大打折扣，不能实现既定的税制改革目标。

在税源给定、税收制度不变的前提下，税源转化为税收的多寡，主要取决于税务机关税收征管能力的高低。已有的文献，梳理了一些量化指标，可以在一定程度上反映税务机关的征管能力：如税务系统人员受教育年限、税收流失率等。这些指标分别从正面和反面，反映和量化了税务机关的税收征管能力。下文选取几个具有代表性的指标，分析我国税收征管能力的变化。

第一，税务系统人员受教育年限。王宝顺、于海峰（2012）选取税务从业人员数作为投入指标，税务机关组织的税收收入为产出指标，对我国的税收征管效率进行评价。在投入指标的税务从业人员数中，就用了税务系统人员受教育年限这一指标。

税务系统从业人员是税收征管的主体，税务人员受教育程度高低对税收征管能力有重要的影响。图2-3是1995—2015年税务系统从业人员中专科及以上学历所占比重。从图2-3中可以看到，1995—2015年，我国税务系统从业人员中，持专科及以上学历人员的比例呈上升趋势。1995年，这一比例仅为33.7%；到2015年，这一比例已上升至88.04%。同时，高学历者（如研究生及以上学历）的占比也在不断上升：研究生及以上学历者在2003年以前占比不足1%，而到2015年上升至4%。总体来看，我国税务人员的教育水平有明显且稳定的上升。税务人员教育程度的上升，有利于提高税收征管的质量和效率，有利于强化对税源的监控和管理。

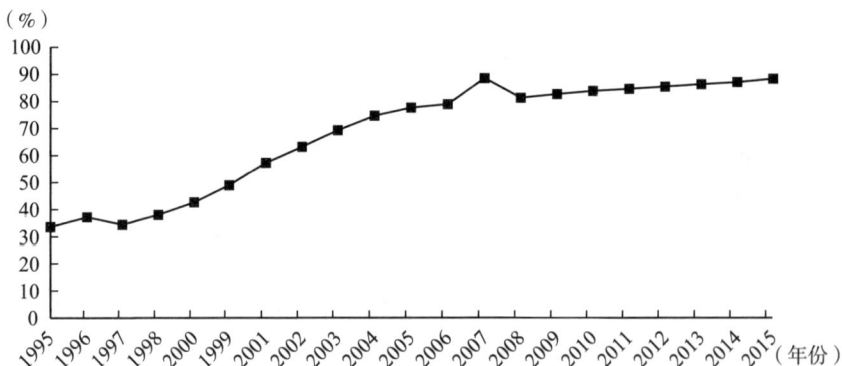

图2-3　税务系统从业人员：专科及以上学历所占比例（1995—2015年）

注：税务系统从业人员中专科及以上学历所占比重＝我国国税、地税两套系统的从业人员中学历在专科及以上的人员数/国税、地税两套系统中全部从业人员数。从业人员是指正式职工，不包括临时工和离退休人员。

资料来源：1997年和1999年数据来自《中国财政年鉴》（1998、2000）；其余年份数据来自各年的《中国税务年鉴》。

第二，税务系统人员覆盖度。在一定的条件下，税务人员覆盖度越高，对税源的监管越严格，税收征管能力就越强。税务系统人员覆盖度一般用税务系统从业人员占总人口的比例来衡量（王宝顺、于海峰，2012）。考虑到税务系统从业人员都为城镇就业的人员，且总人口的基数过大，也可以选取税务人员占城镇就业人员比例这一指标，来反映税务人员的覆盖度。从图 2-4 可以看出，1995—1998 年，税务系统从业人员占总人口比重从 6.1‰上升至 7.9‰，之后缓慢下降，从 2008 年开始，这一比例维持在 6.4‰左右。另外，税务人员占城镇就业人员的比重，在 1997 年达到最高值 4.7‰之后，一直呈下降趋势，2015 年，这一比例降至 2.1‰。结合图 2-4 中城镇就业人员占总就业人员比例，可以发现税务系统从业人员占城镇就业人员的比重之所以在 1997 年之后呈下降趋势，主要是由于从 20 世纪末以来，随着我国城镇化进程加速，越来越多的农村人口进入城镇工作，城镇就业人口迅速上升（表现为城镇就业人员占总就业人员比重逐年上升），而且其增速远高于税务系统从业人员的增速，从而导致税务人员占城镇就业人员的比重逐年下降。[①]

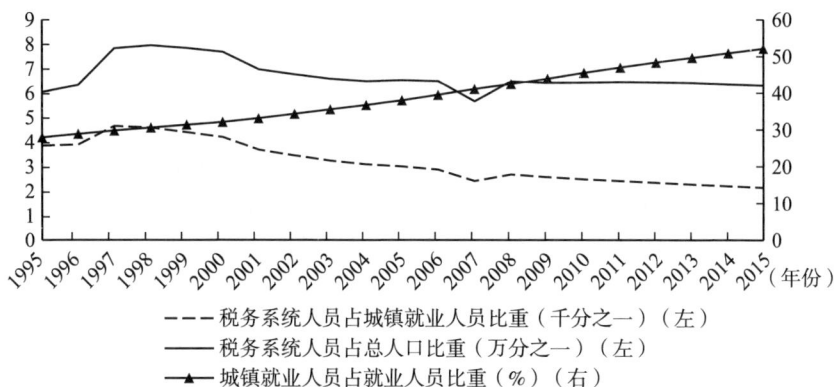

图 2-4　税务系统从业人员占比（1995—2015 年）

资料来源：税务系统从业人员数据，1997 年和 1999 年数据来自《中国财政年鉴》（1998、2000），其余年份数据来自各年的《中国税务年鉴》；城镇就业人员、就业人员，以及总人口数来自《中国人口和就业统计年鉴》（2016）。

第三，税收信息化建设。吕冰洋、樊勇（2006）在对中国各省税收征

[①]　20 世纪 90 年代，税务系统信息化建设刚刚起步，税收征管工作主要依赖手工操作，税务人员的数量直接与税务机关征管能力相关联。这一时期税务人员占总人口，以及占城镇就业人口的比重均有明显上升，直接表现为税务人员的覆盖度提高。进入 21 世纪，我国税务系统信息化建设逐渐步入正常轨道，税务系统更多地依赖计算机网络来实现对税源的监控和管理，如 1994 年全国税务机关拥有的计算机为 2.5 万台，到 2001 年上升至 30 万台（数据来源：国税函〔2003〕267 号），在自动化办公方面有了很大进步。因此，税务人员占总人口，以及占城镇就业人口的比值在 21 世纪以来皆缓慢下降。

管效率进行评估时指出，税收信息化建设这一指标能较好地反映税务机关对税收征管的投入。根据图 2-5，可以看出 1996-2004 年，我国税务系统中计算机处理的纳税额占全年税收征收额的比重有显著上升，该比例从 1996 年的 52% 上升至 2004 年的 89%。计算机征税系统通过信息技术手段，简化了业务流程，促进了部门之间的数据交换、信息共享和业务联动，大大提高了税收征管的质量和效率。计算机处理的纳税额占全年征税额比重的显著提高从另一个侧面显示出信息化建设对税收征管能力的重要影响。此外，使用征管软件征收的单位占全部税务单位的比重从 1996 年的 14% 上升至 2003 年的 45%，之后由于国税局和地税局都在 2004 年扩大了机构设置数（如 2003 年国税和地税的机构数为 56392 个，2004 年上升至 94448 个），导致这一比重有所下降。2005 年，使用征管软件的税务单位占比 26%，仍高于 1996 年的水平。税收信息化建设，需要专业的计算机管理人员对计算机系统进行日常的维护和管理。1996-2005 年，我国税务人员中计算机管理人员所占比重先缓慢下降，随后逐渐回升，基本维持在 3% 左右。利用现代化的信息技术，税务系统能够整合各类税收信息，强化税源管理，有效防止和解决税收征管过程的漏洞，有利于税收征管能力的提高。

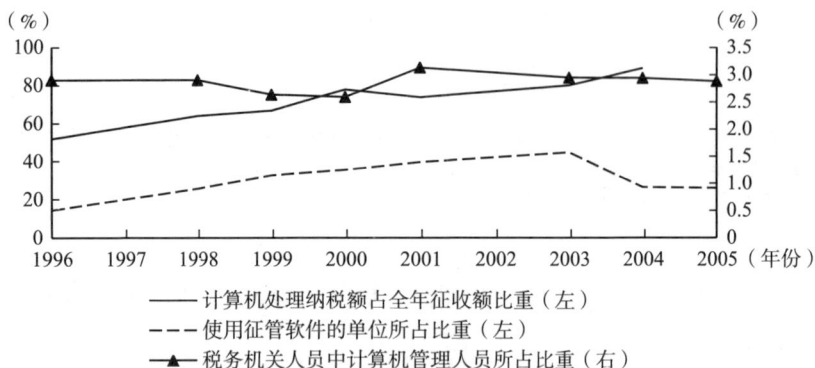

图 2-5　我国税收信息化建设基本情况（1996-2005 年）

注：由于 1997 年相关数据缺失，图中折线以相邻年份的平均数作为 2007 年相关指标的数值；2005 年计算机处理纳税额占全年征收额比重数据缺失。

资料来源：税务机关单位数、计算机处理纳税额、计算机管理人员数、使用征管软件单位数来自各年《中国税务年鉴》；税务机关年征税额来自《中国统计年鉴》（2017）；税务系统从业人员数据，1997 年和 1999 年数据来自《中国财政年鉴》（1998、2000），其余年份数据来自各年的《中国税务年鉴》。

　　第四，税收弹性系数。在对分税制改革以来我国各省的税收征管效率进行评价时，吕冰洋、樊勇（2006）还强调了一个重要的背景：分税制改革后，我国税收收入一直保持着较高的增长速度。1998 — 2003 年的税收弹性系数平均值为 2.34，[1] 说明我国在此期间税收收入的增长速度是 GDP 增速的两倍。税收弹性系数也在一定程度上反映了税务机关征管能力的变化。税收弹性系数越高，说明税收收入的增长速度相对于 GDP 来说越快，则税收征管能力也越高。图 2 - 6 是我国 1953 — 2017 年的税收弹性系数。从图 2 - 6 中可以看到，从 1953 年到 20 世纪 80 年代初，我国的税收弹性系数波动幅度较大（如 1954 年、1957 年和 1967 年 3 年税收弹性系数都超过了 2，而 1955 年、1960 年、1962 年和 1976 年 4 年税收弹性系数则为负值）。值得注意的是，1985 年税收弹性系数急剧攀升至 4.67，这一现象主要是由 20 世纪 80 年代初的"利改税"造成的。[2] 1986 — 1996 年，我国税收弹性系数缓慢上升；1997 — 2002 年，我国税收弹性系数保持较高水平，平均值为 1.87；2003 年至今，我国的税收弹性系数维持在 0.8 ~ 1.3，较为稳定。

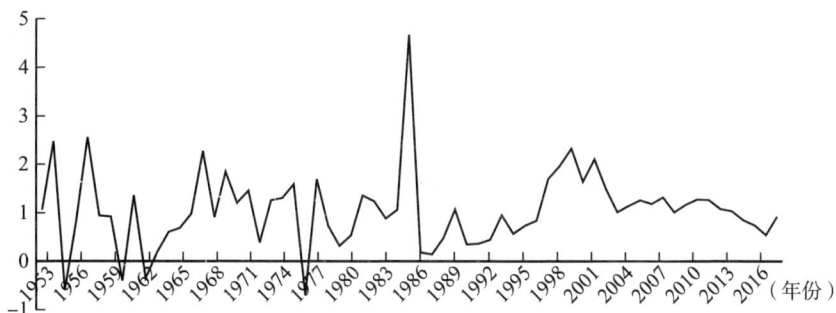

图 2 - 6　1953 — 2017 中国的税收弹性系数

资料来源：1952 — 1977 年数据来自《中国统计年鉴》（2000），1978 — 2016 年数据来自《中国统计年鉴》（2017），2017 年数据来自中国统计局网站。

　　第五，人均征税额。张培森（2000）提出，以"税收收入/税务部门

---

　　[1]　税收弹性系数 = 税收收入增长百分比 ÷ GDP 增长百分比。

　　[2]　20 世纪 80 年代初期实行的"利改税"，把国营企业向国家上缴利润的制度改为缴纳企业所得税。这一改革直接导致 1985 年我国税收收入和税收弹性系数的大幅提高。

在职人数"的指标度量税收征收成本。这一指标实质上反映了一定时期内税务部门工作人员人均征税额的大小。考虑到税收收入会随着国内生产总值的增加而提高；同时，伴随着通货膨胀，名义税收收入也会逐年增加。为了消除国内生产总值提高，以及通货膨胀对名义税收值的影响，我们通过人均 GDP 来对税务部门人均征税额进行调整，利用两者的比值来反映税收征管能力的变化。图 2 – 7 是 1995 —2015 年我国税务机关的人均征税额，及其占人均 GDP 的比重。从图 2 – 7 可以看出 1995 —2015 年，我国税务部门的人均征税额逐年提高。其中，1995 —2006 年，人均征税额的增长速度较为缓慢，从 1995 年的 82.3 万元增加至 2006 年的 407 万元。从 2007 年起，人均征税额开始以相对较快的速度增长，从 2007 年的 610 万元提高至 2015 年的 1438 万元。通过人均 GDP 的调整，可以看到，人均征税额占人均 GDP 的比重在经历 1995 —1997 年短暂的下降后，自 1998 年之后一直都在平稳地上升。

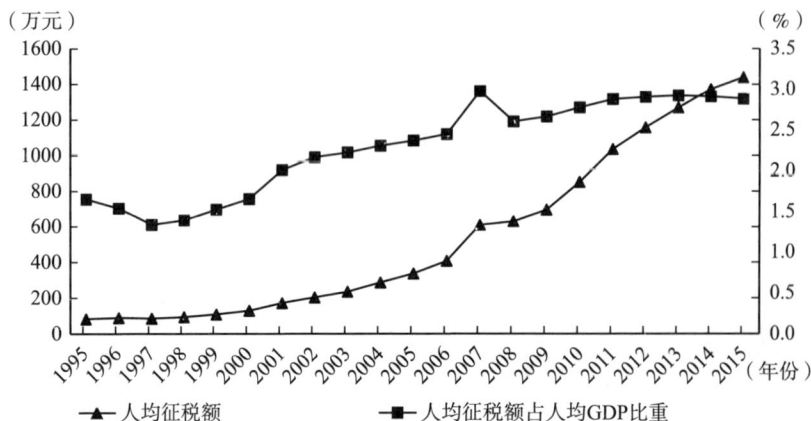

图 2 – 7　税务机关人均征税额及其占人均 GDP 的比重（1995 —2015 年）

注：人均征税额 = 税收收入 ÷ 税务机关从业人数。

资料来源：税收收入和 GDP 数据来自《中国统计年鉴》（2017），总人口数据来自《中国人口和就业统计年鉴》（2016），税务系统从业人员数据，1997 年和 1999 年数据来自《中国财政年鉴》（1998、2000），其余年份数据来自历年的《中国年税务年鉴》。

上述各项衡量税收征管能力的指标都是从正面的角度出发，指标的数值越大，代表税收征管能力越强。若从反面的角度来看，衡量税收征管能力的指标一般采用税收流失率。贾绍华（2002）采用现金比率法和税收收入能力法对税收收入流失规模进行测算。下面以关税为例，采用简化的税收收入能力法对我国 1998 —2015 年的关税流失进行测算，从税收流失的角度来探讨我国税收征管能力的变化。图 2 – 8 是 1998 —2015 年我国关税流失额以及关税流失率。

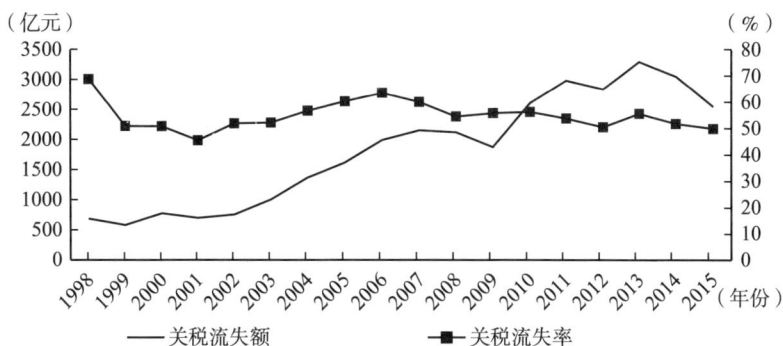

图 2 – 8　我国关税流失额及流失率（1998 —2015 年）

注：关税流失额 = 关税应征额 – 关税实征额，关税应征额 = 商品进口总额 × 关税平均水平 × 0.5，关税流失率 = 关税流失额 ÷ 关税应征额 × 100%。《中国财政年鉴》中的关税平均水平并未考虑减免税优惠措施，因此在计算关税应征额时应进行一定的扣除，考虑到我国对进口商品的减免税优惠条件较多，故将扣除率设定为 50%。见贾绍华（2002）。

资料来源：关税平均水平和关税实征额来自《中国财政年鉴》（2016），商品进口总额来自《中国贸易外经统计年鉴》（2016）。

从关税流失额来看，1998 —2013 年呈上升趋势，如 1998 年，我国关税流失额为 693 亿元，2013 年则达到 3300 亿元。这与我国进出口贸易大幅上升有关，如我国商品进口总额从 1998 年的 11626 亿元上升至 2013 年的 121037 亿元，几乎增长了 10 倍。但自 2014 年开始，关税流失额缓慢下降，反映出这一时期我国关税征管能力的提高。

从关税流失率来看，1998 —2001 年，我国的关税流失率迅速下降，此后有缓慢的上升趋势。但从 2007 年之后，我国的关税流失率又出现缓慢下降的趋势，如 2015 年，关税流失率已降至 49.9%，远低于 1998 年的 68.9%。关税流失规模和比率的降低，很大程度上得益于税务机关征管能力的提高。通过加强税务机关的队伍建设，利用现代化信息技术推动税收征管的专业化和科学化，有效地防止纳税人偷漏税行为，减少税收的流失。

2.5 约束条件四：宏观经济环境

税制改革的第四个约束条件是外部宏观经济环境。税制改革作为整体经济体制改革的一部分，需要为宏观经济目标的实现服务，尤其是为实现宏观经济的平衡和充分发展服务。税制改革方案应该适应宏观经济环境的要求，虽然某些方案从税制改革本身来看并不是最优方案，但如果其有助于实现其他更为优先的宏观经济目标，则这种改革的妥协方案也是在约束条件下的最佳选择。

在图 2-9 中，借助预算约束线和无差异曲线，生动地描绘了税收制度在总目标和约束条件下的最优选择。横轴表示迈向统一产品市场的税收制度，即越往右边的税收制度，越有利于产品市场统一，越往左边（原点方向）的税收制度，越会导致产品市场分割；纵轴代表迈向统一要素市场的税收制度，即越往上方的税收制度，越有利于要素市场统一，越往下方（原点方向）的税收制度，越会导致要素市场分割。结合横纵坐标轴可以得出，越往右上方走，效用水平越高，即税收制度朝着统一市场的改革总方向，达到全面发展的落脚点。

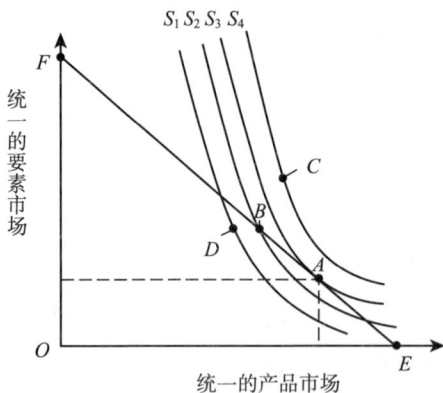

图 2-9 税收制度：总目标和约束条件

图 2-9 中，S 曲线为无差异曲线，同一条无差异曲线上的各点所代

表的效用水平相同。此处的效用水平，可近似的替代上文所阐述的总目标（即统一市场，全面发展）：效用水平越高，表示该点所代表的税收制度，离总目标越接近；效用水平越低，表示该点所代表的税收制度，离总目标的距离越远。图 2-9 中共有 4 条无差异曲线，分别为 S_1、S_2、S_3 和 S_4。从 S_1、S_2、S_3 到 S_4 的位置来看，S_1 所代表的效用水平最低，S_4 所代表的效用水平最高。也可以把这 4 条无差异曲线所代表的效用水平，分别理解为达到短期目标 1、短期目标 2、短期目标 3、短期目标 4（或称长期目标，或称总目标）的税收制度。EF 为预算约束线，在此近似替代上文所列述的各项约束条件。

在这一框架图中，我们可以分析税收制度在总目标（无差异曲线 S）和约束条件（预算约束线 EF）下的选择。图中共标有 A、B、C 和 D 4 个点，代表现实中税收制度所处的位置，下面逐一进行解释：

第一，如果现实中的税收制度处于 D 点，即达到短期目标 1 的税收制度。D 点在预算约束线 EF 以内，说明现有的约束条件对该税收制度并不构成实际的约束。比如现有的税收征管能力较强，可以支持处于 D 点的税收制度进行改革，向着总目标的税收制度（即图中的右上方）迈进。因此，在现有约束条件下，D 点所代表的税收制度并非最优选择。

第二，如果现实中的税收制度处于 B 点，即达到短期目标 2 的税收制度。B 点位于预算约束线 EF 之上，说明现有的约束条件对该税收制度已经构成实际的约束。但是，预算约束线 EF 与无差异曲线 S_2 相交于 B 点，表明在现有约束条件下，仍然可以通过在不同约束条件之间的取舍，使得效用水平提高，即从 S_2 上升至 S_3。相应地，税制改革也可以让税收制度从达到短期目标 2，上升至达到短期目标 3，因此，在现有约束条件下，B 点所代表的税收制度并非最优选择。

第三，如果现实中的税收制度处于 A 点，即达到短期目标 3 的税收制度。A 点位于预算约束线 EF 之上，说明现有的约束条件对该税收制度已经构成实际的约束。同时，A 点又是预算约束线 EF 与无差异曲线 S_3 相切之点，表明在现有约束条件下，不可能再实现效用水平的提高。因此，在现有约束条件下，A 点所代表的税收制度是最优选择。

第四，既然 A 点所代表的税收制度是现阶段的最优选择，那短期目标 4（即长期目标，或称总目标），也就是图中的 C 点能否达到呢？如果可以，在什么情况下可以达到呢？这就取决于约束条件的变化。如果约束条件变宽松了（比如税收征管能力提高），预算约束线就会向右上方移动，便有可能与代表长期目标的无差异曲线 S_4 相切，即 C 点所代表的长期目标就可以实现。

综上所述，税制改革的总目标是建立"统一市场，全面发展"的税收制度，该税收制度的建立取决于同一时期的约束条件，具体包括财政汲取能力、中央和地方两个积极性、税收征管能力和宏观经济环境。在约束条件给定的情况下，我们可以找到一个最优的税收制度，该税收制度是在现有约束条件下，离总目标的税收制度最接近的一个；随着经济社会的发展，当约束条件变宽松后，我们又可以找到与新约束条件相对应的一个最优的税收制度；如此往复，通过一轮又一轮的与约束条件相对应的税制改革，逐步向总目标的税收制度无限靠近！

2.6 小　　结

本章从理论基础和现实背景两个方面，总结出中国税制改革的总目标为"统一市场，全面发展"。改革开放初期，为适应新生市场主体，我国形成了一套多环节、多税种、多层次的复合税制。随着社会主义商品经济的进一步发展，市场分割作为这套复合税制的问题之一，带来的扭曲效应也逐步凸显。为解决当时税制中存在的市场分割问题，促进全国统一市场的形成和发展，迈向统一市场就成为税制改革的总方向，而推动全面发展就成为税制改革的落脚点。这两大目标相互联系、相互促进，共同构成我国税制改革的主线索。

在总目标确定的情况下，可以实施哪些税制改革方案，取决于不同时期具体的约束条件。本章具体阐述了影响税制改革的四大约束条件——财政汲取能力、中央和地方两个积极性、税收征管能力和宏观经济环境。在约束条件给定的情况下，可以找到一个最优的税收制度；随着经济社会的发展，当约束条件变宽松后，又可以找到与新约束条件相对应的一个最优的税收制度；如此往复，通过一轮又一轮的与约束条件相对应的税制改革，逐步向总目标的税收制度无限靠近。

/**第 3 章**/

改革开放初期的税制改革
（1978 — 1993 年）

3.1 税制改革的背景

新中国成立以来到 1978 年改革开放，我国税收制度共经历了几次重大改革：如 1950 年的建立税制，中央人民政府政务院颁布的《全国税政实施要则》，确立了包括货物税、工商业税等 11 个税种。1958 年的改革税制，将货物税、工商营业税、商品流通税和印花税合并为工商统一税；所得税从 1950 年建立的 11 个税种之一的工商业税中独立出来，建立了工商所得税。1973 年的简并税制，除保留工商所得税外，将企业缴纳的各种税（包括工商统一税、车船使用牌照税、城市房地产税和盐税等），统简并为工商税。国营企业只征收工商税，集体企业只征工商税和工商所得税[①]。

新中国成立以来到 1978 年改革开放的这段时间，税收收入占 GDP 的比例在 11% ~ 15% 之间波动，如 1954 年为 15.3%、1968 年为 11%、1978 年为 14%。表 3 - 1 显示了经过上述改革后，1978 年我国税收体系情况。

---

① 刘克崮，贾康．中国财税改革三十年：亲历与回顾［M］．北京：经济科学出版社，2008.

表 3 – 1　　　　　　　　　1978 年我国税收体系情况

税　　种	生效日期	税率水平	该税种占总税收百分比（%）	来　　源
工商税①	1973 年	1.5% ~ 69%	76.017	
关税	1950 年 1 月 31 日		5.538	政务院，《全国税政实施要则》（1950 年）
工商所得税	1950 年 1 月 31 日	5% ~ 30%	10.395	政务院，《工商业税暂行条例》（1950 年）
城市房地产税	1951 年 8 月 8 日	依照标准房价的税率为 1%；依照标准地价的税率为 1.5%；标准房价与标准地价不易划分的税率为 1.5%；标准房地价不易求得的依照房地租价税率为 15%	0.158	政务院，《中华人民共和国城市房地产税暂行条例》（1951 年）
盐税	1950 年 3 月 11 日	规定各区税额，如东北每担征高粱 175 斤	2.088	政务院，《关于全国盐务工作的决定》（1950 年）
车船使用牌照税	1951 年 9 月 13 日	非机动车 3000 ~ 80000 元；机动车 4000 ~ 800000 元；非机动船 1500 ~ 3500 元/吨；机动船 3000 ~ 11000 元/吨	0.073	政务院，《中华人民共和国车船使用牌照税暂行条例》（1951 年）
集市交易税	1962 年 4 月 16 日	分别为 5%、10% 和 15%	0.002	国务院，《国务院批准财政部制定的集市交易税试行规定的通知》（1962 年）
屠宰税	1950 年 12 月 19 日	10%	0.239	政务院，《屠宰税暂行条例》（1950 年）

税　种	生效日期	税率水平	该税种占总税收百分比（％）	来　源
契税	1950 年 4 月 3 日	买契税，按买价征收 6％；典契税，按典价征收 3％；赠与契税，按现值价格征收 6％	5.469②	政务院，《契税暂行条例》（1950 年）
农业税	1958 年 6 月 3 日	15.50％		全国人民代表大会，《中华人民共和国农业税条例》（1958 年）
牧业税		无全国性法规，征收办法由开征此税的省、自治区人民政府自行规定		

注：①1973 年税制改革，除保留工商所得税外，将企业缴纳的各种税（包括工商统一税、车船使用牌照税、城市房地产税和盐税），统简并为工商税。

②农牧业税数据包括契税。

资料来源：关税和农牧业税数据来自中国财政年鉴编辑委员会．中国财政年鉴［M］．北京：中国财政杂志社，1992；其余数据来自国家税务总局．中国税务年鉴［M］．北京：中国税务出版社，1993.

　　图 3 - 1 显示了 1978 年我国的税制结构。从图 3 - 1 中可以看出，税制结构中以流转税类为主，所得税类主要是企业所得税（即工商所得税），没有个人所得税。在流转税中，工商税占比最大，达到总税收的 76％；其次是关税、农牧业税和盐税，占比分别为 5.53％、5.47％ 和 2.09％。

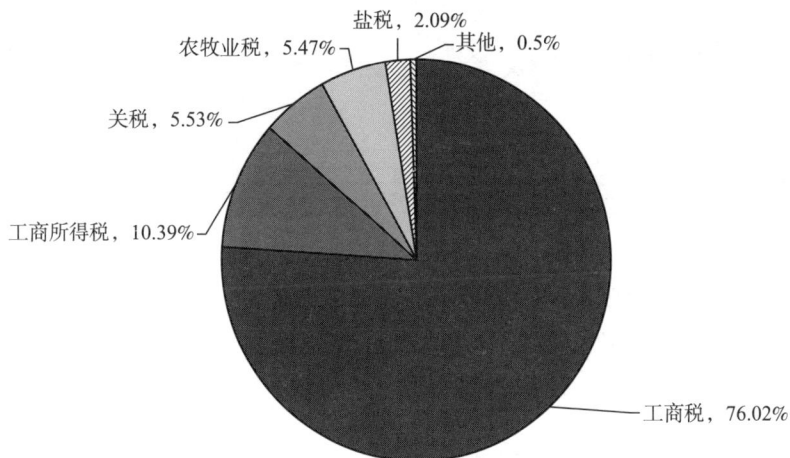

盐税，2.09％
农牧业税，5.47％
其他，0.5％
关税，5.53％
工商所得税，10.39％
工商税，76.02％

图 3 - 1　1978 年各税种占比

注：农牧业税数据包括契税。

资料来源：关税和农牧业税数据来自中国财政年鉴编辑委员会．中国财政年鉴［M］．北京：中国财政杂志社，1992；其余数据来自国家税务总局．中国税务年鉴［M］．北京：中国税务出版社，1993.

可见改革开放前的税收制度过于简化。随着改革开放，计划经济向有计划商品经济的转变，新生市场主体的出现，这套过于简化的税收制度的局限性也逐步凸显出来。

3.2 财政汲取方式改变

虽然新中国成立后至 1978 年改革开放这一期间，税收收入占 GDP 的比例仅为 11% ~ 15%，但财政收入占 GDP 的比例却在 30% 上下波动。[①] 如图 3 - 2 所示，1950 — 1978 年，我国税收收入占财政收入比重虽有波动，但却仅仅维持在 50% 左右，另一半的财政收入主要来源于企业收入（如国营企业向国家上缴的利润）；这一期间的财政汲取方式包括税收收入和企业收入。

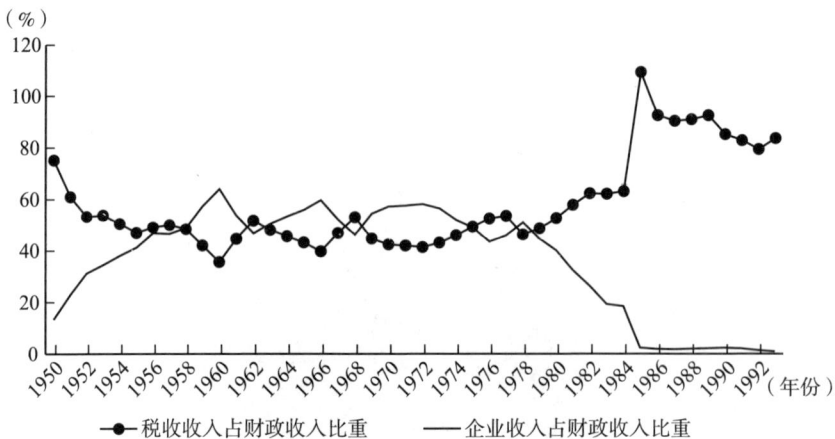

图 3 - 2　税收收入及企业收入占财政收入的比重（1950 — 1993 年）

资料来源：1950 — 1991 年数据来自《中国财政年鉴》（1992），1992 — 1993 年数据来自《中国财政年鉴》（1995）。

然而第一步利改税、第二步利改税，以及之后的税利分流使得财政汲取方式发生了"质"的变化。一方面，正如图 3 - 2 所示，1985 年税收收

---

① 本章中的财政收入是指一般公共预算收入。

入占财政收入的比例迅速从63%上升至109%①。此后，税收收入占财政收入的比重缓慢下降，但基本维持在80%之上，远高于1950—1978年的水平。另一方面，自20世纪80年代以来，企业收入占财政收入的比重出现大幅下降，仅仅1980—1985年，就从40%跌至2%，此后便一直维持在1%~2%。由此，财政汲取方式由之前的税收收入和企业收入并重变为以税收收入为主。

表3-2给出了两步利改税和税利分流的主要内容。利改税是国家将国有企业财政缴款中的上缴利润改成缴纳所得税，是调整国家和国营企业分配关系的重要措施。①第一步利改税的特点是税利并存，即国营企业一方面需要缴纳所得税，另一方面其部分税后利润，仍需上缴国家。②第二步利改税的特点是以税代利，即取消国营企业各种形式的利润上缴，用所得税和调节税的形式固定了国家和国营企业的分配关系。③税利分流的特点是国营企业一方面需要缴纳所得税，体现国家对国营企业的社会管理者身份；另一方面国家也参与国营企业税后利润的分配，体现国家对国营企业的资产所有者身份。税利分流试点中的降低所得税税率，为日后全面降低企业所得税税率、统一内资企业所得税制度奠定了基础。

表3-2 利改税和税利分流的主要内容概览

实施日期	特　点	主要实施内容	来　源
1983年1月1日	第一步利改税：税利并存	凡有盈利的国营大中型企业对实现利润均按照55%的税率缴纳所得税。税后利润，一部分上缴国家，一部分留给企业	国务院，《国务院批转财政部关于利改税工作会议的报告和"关于国营企业利改税试行办法"的通知》（1983年）
		凡有盈利的国营小型企业，按8级超额累进税率缴纳所得税。对税后利润较多的企业，国家可以收取一定的承包费，或者按固定数额上交一部分利润	
		营业性的宾馆、饭店、招待所和饮食服务公司，都缴纳15%的所得税	
		县以上供销社，以县公司或县供销社为单位，按8级超额累进税率缴纳所得税	

---

① 1985年，财政收入1866.4亿元，企业亏损补贴为507.02亿元，税收收入为2040.79亿元。由于财政收入是扣减企业亏损补贴后的余额，故而会出现税收收入大于财政收入的情况。

续表

实施日期	特　点	主要实施内容	来　源
1984 年 10 月 1 日	第二步利改税：以税代利	把现行的工商税分解为产品税、增值税、盐税和营业税 4 个税种，分别适用于不同的企业	国务院，《国营企业第二步利改税试行办法》(1984 年)
		开征和恢复城市维护建设税、房产税、土地使用税、车船使用税和资源税	
		对有盈利的国营大中型企业征收所得税和调节税	
		对小型国营企业征收所得税，对留利过多的企业收取一定数额的承包费	
1988 — 1993 年	税利分流	降低税率：盈利企业一律按 33% 的比例税率向国家缴纳所得税	财政部，《国营企业实行"税利分流、税后还贷、税后承包"的试点办法》(1991 年)
		取消国营企业调节税：企业缴纳所得税后利润应当上交国家的部分，可以实行承包等各种形式的分配办法。主要采取"按比例上交""定额上交、增长分成""递增上交"或者其他形式	

3.3　改革开放初期税制改革的经济分析

与第二步利改税同时进行的，还有 1984 年的工商税制改革，主要内容包括：建立包括企业所得税和个人所得税的所得税体系，建立包括增值税、产品税、营业税等的流转税（或称商品和服务课税）体系，从而初步形成一套包含流转税、所得税等的复合税收体系。图 3 - 3 显示了 1993 年我国的税制结构。从图 3 - 3 中可以看出，在税制结构中流转税占比最大，如营业税占比 23%、增值税占比 20%、产品税占比 18%、关税占比 6%；① 所得税占比次之，如国营企业所得税占比 12%、集体企业所得税占比 2%、国营企业调节税占比 2%。

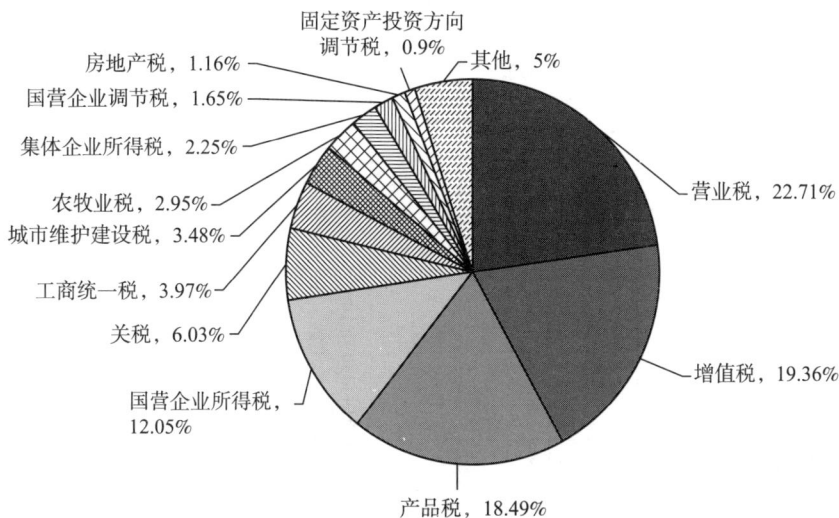

图 3 - 3　各项税收占总税收比例（1993 年）

资料来源：国营企业所得税、国营企业调节税和关税数据来自中国财政年鉴编辑委员会．中国财政年鉴［M］．北京：中国财政杂志社，1994；农牧业数据来自中华人民共和国国家统计局．中国统计年鉴［M］．北京：中国统计出版社，1998；其余数据来自国家税务总局．中国税务年鉴［M］．北京：中国税务出版社，1994.

总结这一时期的税制改革，可以分为两部分：

第一部分，利改税和 1984 年工商税制改革，其主要特点是适应新生市场主体，即为改革开放后新出现的经济主体，建立一系列新税种：包括一套内外有别、多税种的流转税系、一套针对不同经济成分的企业所得税系，以及一套多税种的个人所得税系，从而形成一套多环节、多税种、多层次的复合税制。

以企业所得税系为例，表 3 - 3 给出了 1988 年以前各类型企业的所得税变化情况。新中国成立初期，我国开征的工商业税，规定"固定工商业

---

① 1973 年税制改革，对国内企业征收的工商统一税，已经连同车船使用牌照税、城市房地产税等，一起并入了工商税。在图 3 - 3 中，占比 3.97% 的工商统一税，是对外商投资企业征收的。

表 3 - 3　企业所得税税率变化（1950—1993 年）

时期	征税对象（企业类型）	生效日期	税率档次	税率水平（%）	最高边际税率（%）	最高边际税率对应下限（元）	来源
1988 年以前	合营企业	1980 年 9 月 10 日	1	33①	30	0	《中华人民共和国中外合资经营企业所得税法》（1980 年）
	外国企业	1982 年 1 月 1 日	5	20~40	40	1000000	《中华人民共和国外国企业所得税法》（1982 年）
	国营企业—大中型企业	1984 年 10 月 1 日	1	55	55	0	《中华人民共和国国营企业所得税条例（草案）》（1984 年）
	国营企业—小型企业及其他	1984 年 10 月 1 日	8	10~55	55	200000	《中华人民共和国国营企业所得税条例（草案）》（1984 年）
	国营企业—调节税	1984 年 10 月 1 日	核定的基期利润扣除按 55% 计算的所得税和 1982 年合理留利后的余额，占核定基期利润的比例，为核定的调节税税率				《国营企业调节税征收办法》（1984 年）
	集体企业	1950 年 1 月 31 日	21	5~30	30	100000000	《工商业税暂行条例》（1950 年）
		1980 年 10 月 1 日	8	7~55	55	80000	《财政部关于改进合作商店和个体经济交纳工商所得税问题的通知》（1980）
		1985 年 1 月 1 日	8	10~55	55	200000	《中华人民共和国集体企业所得税暂行条例》（1985 年）
	私营企业	1988 年 1 月 1 日	1	35	35	0	《中华人民共和国私营企业所得税暂行条例》（1988 年）

续表

时　期	征税对象（企业类型）	生效日期	税率档次	税率水平（%）	最高边际税率（%）	最高边际税率对应下限（元）	来　源
1988—1993 年	国营企业②	1991 年 8 月 14 日	1	33	33	0	《国营企业实行"税利分流、税后还贷、税后承包"的试点办法》（1991 年）
	外商投资企业和外国企业	1991 年 7 月 1 日	1	33③	33	0	《中华人民共和国外商投资企业和外国企业所得税法》（1991 年）

注：①合营企业的所得税税率为 30%，另按应纳所得税额附征 10% 的地方所得税。
②此处的国营企业是指试点地区的国营企业。税利分流自 1988 年在重庆市市属国营企业中率先试点以后，试点面逐步扩大。到 1993 年上半年，我国已有北京、天津等 16 个省市的 2080 个企业被列为税利分流试点（柯美成，1994）。
③税率为 30%；地方所得税率为 3%。

应纳之工商业税，分为依营业额计算部分（以下简称营业税）及依所得额计算部分（以下简称所得税）。公营企业应纳之工商业税，其营业额部分，就地交纳营业税；所得额部分，另定办法，提取利润，不交纳所得税"。因此，除公营企业外，其他企业均需缴纳所得税，税率为 5% ~ 30% 的累进税率；20 世纪 80 年代初期，对合营企业、外国企业也单独开征了所得税，税率分别为 33%，和 20% ~ 40% 的累进税率。1983 —1984 年的利改税，对国营企业也建立了企业所得税制度。至此，适应新生市场主体，一套针对不同经济成分的企业所得税体系得以建立。

图 3 - 4 给出了 1988 —1992 年我国企业所得税各类型收入在总企业所得税的平均占比情况。由图 3 - 4 我们可以看出，国营企业所得税占比最大，为 75.19%；其次是集体企业所得税，占比为 14.88%；国营企业调节税位居第三，占比为 8.63%。其余三项占比极小，加总仅为 1.30%。

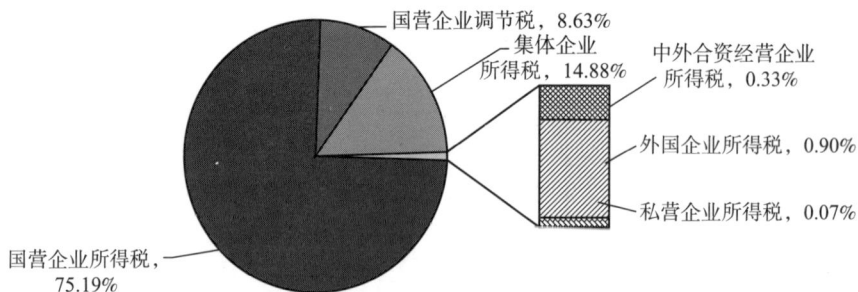

图 3 - 4　企业所得税各类型收入占总企业所得税的比重

注：总企业所得税 = 中外合资经营企业所得税 + 外国企业所得税（外国企业所得税 + 涉外企业所得税）+ 集体企业所得税 + 私营企业所得税 + 国营企业所得税 + 国营企业调节税。企业所得税各项税收收入取 1988 —1992 年平均值。

资料来源：中外合资经营企业所得税、外国企业所得税、集体企业所得税、私营企业所得税来自《中国税务年鉴》（1993），国营企业所得税和国营企业调节税来自《中国财政年鉴》（1993）。

第二部分，税利分流和增值税试行范围扩大试点，其特点是逐步开始解决上述这套复合税制带来的市场分割问题。下面将根据第 2 章提出的中国税制改革的理论框架（总目标和约束条件）对这一时期的税制改革进行剖析。

3.3.1　总目标的逻辑

改革开放初期建立的复合税制相比计划经济时代的税制拓宽了税收调控作用的范围，基本上适应了当时发展有计划商品经济体制下多种经济成分、多种组织形式和多种经营方式和多种流通渠道并存的经济发展模式。该税制有助于把更多的经济成分纳入经济发展的整体调控上来，从而有利于市场的建立。但是，随着社会主义商品经济的进一步发展，上述复合税制对于统一市场形成的妨碍作用也不断凸显，分别表现在产品市场和要素市场的不统一两个方面，为此，1985 年后就对这一体系进行了不断的改革，力图推动其向统一市场方向迈进。

1. 迈向统一要素市场的努力

复合税制建立之初，不同类型企业的所得税率之间存在较大差异，税收负担差距较大，不利于企业主体之间的公平竞争。如 1985 年修改集体企业所得税税率为 10%～55% 的累进税率，1988 年确立私营企业所得税税率为 35%，1991 年统一外商投资企业和外国企业的所得税税率为 33%。在这种情况下，利改税确立的国营大中型企业 55% 的所得税税率，以及国营小型企业 10%～55% 的累进税率，就明显高于其他类型的企业。1991年税利分流，将试点地区的国营企业所得税税率下调至 33%，缩小国营企业和其他企业的所得税税率差距。[①] 我国处于社会主义初级阶段，国家的经济政策要为全社会各种不同所有制的企业提供一个平等竞争的外部环境，公平税负是平等竞争的重要条件之一（项怀诚，1992）。税利分流降低了国营企业的税负，改变了国营企业税负重于其他企业税负的逆倾斜状态，有利于为不同所有制企业提供平等竞争的条件（董庆铮，1992）。因此，税利分流使得企业所得税制度，向统一市场的方向迈出了一步。

表 3-3 显示了 1950—1993 年我国企业所得税税率的变化情况。

---

① 税利分流自 1988 年在重庆市市属国营企业中率先试点以后，试点面逐步扩大。到 1993年上半年，我国已有北京、天津等 16 个省市的 2080 个企业被列为税利分流试点企业（柯美成，1994）。

2. 迈向统一产品市场的努力

计划经济时代的流转税系本质上都是对销售额或营业额全额征收的产品税、营业税。表 3 - 4 给出了 1950—1993 年流转税系的发展变化。新中国成立后，流转税类经过了 1950 年的货物税、工商营业税，到 1958 年的工商统一税，再到 1973 年的工商税形式，这种对销售额或营业额全额征收的流转税，使得产品实际税负与生产环节相关，也不利于社会分工的发展①。1984 年工商税制改革，流转税一分为三（即产品税、增值税和营业税）：产品税侧重于工业产品，增值税只在机器机械、汽车等 12 项工业产品中征收，营业税主要针对服务业。这种对不同的商品和服务课征不同税的做法，不利于产品市场的统一。

1985 年以后，增值税试行范围逐步扩大，如表 3 - 4 所示，一些征收产品税的产品改征增值税，如 1986 年的纺织品、日用机械、日用电器等产品，1987 年的部分轻工业产品，1988 年的有色金属等产品；一些征收营业税的业务改征增值税，如 1989 年已经实行增值税的工业企业从事的工业性加工、工业性修理、修配业务。

图 3 - 5 给出了 1984—1993 年产品税、增值税和营业税占三者税收总和的比重变化图。如图 3 - 5 所示，随着 1986—1988 年部分征收产品税的工业产品改征增值税，产品税的占比由 1985 年的 60% 下降至 1988 年的 38%，之后在此水平略有波动，1993 年达到 30%。营业税的占比从 1984 年的 18%，一直上升到 1989 年的 34%，随着 1989 年部分征收营业税的业务改征增值税，上升速度略有放缓，在 1993 年达到 38%。相对应于产品税和营业税，增值税的占比从 1984 年的 23%、1985 年的 17%，缓慢上升至 1989 年的 30%，之后在此水平上略有波动，1993 年达到 32%。

虽然至 1993 年仍是"三税鼎立"的局面，但增值税试行范围的扩大，为今后统一对商品和服务的课税奠定了基础，朝着统一产品市场的方向迈出了一步。

---

① 刘克崮，贾康 . 中国财税改革三十年：亲历与回顾 [M]. 北京：经济科学出版社，2008.

表 3 - 4　流转税系的发展变化（1950—1993 年）

时　期	征税对象/主要内容	生效日期	来　源
1950—1958 年 货物税、工商营业税	开征货物税、工商营业税①	1950 年 1 月 31 日	《全国税政实施要则》（1950 年）
1958—1972 年 工商统一税	将货物税、工商营业税、商品流通税和印花税合并为工商统一税，共分 4 个税目：工农业产品、商业零售、交通运输及服务性业务	1958 年 9 月 13 日	《中华人民共和国工商统一税条例（草案）》（1958 年）
1973—1984 年 工商税	合并税种：除保留工商所得税外，将企业缴纳的各税（包括工商统一税、车船使用牌照税、城市房地产税和盐税等），统简并为工商税	1973 年 1 月 1 日	《关于扩大改革工商税制试点的报告》、《中华人民共和国工商税条例（草案）》（1972 年）
	调整工商税税率；新增一个征税项目（银行按业务收入额减去存款利息支出额后的差额，依率计算纳税）	1982 年 7 月 1 日	《财政部关于调整工商税若干产品税率和扩大征税项目的通知》（1982 年）
1984 年② 产品税、营业税、增值税	产品税：对从事工业品生产和进口应税产品的单位和个人征收；24 类，270 个税目	1984 年 10 月 1 日	《中华人民共和国产品税条例（草案）》（1984 年）
	营业税：对从事商业、物资供销、交通运输、邮政电信、公用事业、出版业、娱乐业、加工修理业和其他各种服务业的单位和个人征收	1984 年 10 月 1 日	《中华人民共和国营业税条例（草案）》（1984 年）
	增值税③：对从事生产和进口机器机械、汽车等 12 类应税产品的单位和个人征收	1984 年 10 月 1 日	《中华人民共和国增值税条例（草案）》（1984 年）

续表

时　期	征税对象/主要内容	生效日期	来　源
1985—1993年 增值税试行 范围扩大阶段	对原来征收产品税的日用机械、日用电器、电子产品和搪瓷制品、保温瓶改征增值税	1986年 1月1日	《关于对日用机械、日用电器、电子产品和搪瓷制品、保温瓶试行增值税的通知》(1986年)
	对纺织产品试行增值税	1986年 1月1日	《财政部关于对纺织产品试行增值税的规定》(1986年)
	对一部分原来征收产品税的轻工产品改征增值税	1987年 7月1日	《财政部关于调减部分轻工产品税收负担和扩大增值税试行范围的通知》(1987年)
	对原来征收产品税的有色金属矿采选产品、非金属矿采选产品、其他非金属矿采选产品、建筑材料、电缆等产品改征增值税	1988年 1月1日	《关于对建材、有色金属等产品试行增值税的通知》(1988年)
	对已经实行增值税的工业企业从事工业性加工、工业性修理、修配业务，由征收营业税改为征收增值税	1989年 1月1日	《国家税务局关于工业性加工、工业性修理、修配应征增值税理、修配应征增值税的通知》(1989年)

注：①新中国成立初期，我国开征的工商业税、规定固定工商业应纳之工商业税额计算部分，分为依营业额计算部分（以下简称营业税）及依所得额计算部分（以下简称工商所得税）。工商营业税即指工商业税中依营业额计算部分。

②1984年工商税制改革，将现行工商税按照纳税对象划分为产品税、增值税和营业税等。

③增值税试点在1979年下半年就已经启动，最初在机器机械、农业机具两个行业试点；1981年试点扩大到机器机械、农业机具和日用机械三个行业的工业公司。从1983年1月1日起，规定对机器机械、农业机具、自行车、电风扇等产品，在工业环节改征工商统一税。

资料来源：财政部、关于工业公司试行增值税和产品改进工商税征税办法的通知 [Z]. 1981－07－11；财政部、国家经委、关于机器机械、农业机具及儿项日用机械产品试行增值税的通知 [Z]. 1982－12－30.

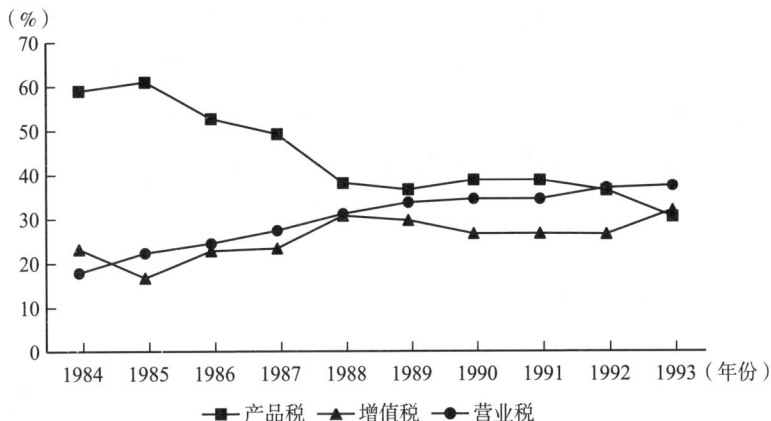

图 3 – 5　产品税、营业税、增值税占比（1984—1993 年）

资料来源：国家税务总局. 中国税务年鉴［M］. 北京：中国税务出版社，1993—1994.

3. 推动全面发展的落脚点

从所得税系来看，通过两步利改税，建立了国营企业所得税制度，突破了统收统支的财力分配关系，以税收的形式固定国家和国营企业的分配关系。通过税利分流，重新确立了国家与国营企业的利润分配方式：即所得税和税后利润两种形式，理顺了国家对国营企业的社会管理者和资产所有者的身份。利改税让企业有了稳定的收入来源，激发了企业的积极性，扩大了企业的自主经营权，有利于企业改善经营管理（刘志诚，1983；陈共、袁振宇，1984）。实行税利分流，能够兼顾国家和企业的利益，做到既有利于搞活企业，又能保证国家财力的稳定增长；这种分配形式，把国家与企业的利益有机地结合起来，可以达到宏观调控、微观搞活的目的（史耀斌，1990；项怀诚，1992）。因此，所得税系的这一改革，使得税收制度向着推动全面发展的方向迈出了一步。

从流转税系来看，如前所述新中国成立后，流转税类经过了 1950 年的货物税、工商营业税，到 1958 年的工商统一税，再到 1973 年的工商税形式。这种工商税最大的弊端就是重复征税，由于是对销售额全额征收，这就造成了税收负担随着生产环节的增加而加重的情况，即形成同一种产品随着生产经营环节的增加，税收负担逐步加重的局面。减轻税负的有效方法就是把所有生产经营环节，都统归在一家企业，这就形成了"大而全"或"小而全"的全能型企业。显然，这种生产方式不利于专业化的协作分工。1984

年的工商税制改革，把增值税从工商税中分离出来（与产品税和营业税并列），为流转税系增加了"消除重复征税"的因素，而且随着1985年后增值税试行范围的扩大（如图3-5所示，增值税占三税之比由1984年的23%上升至1993的32%），流转税类重复征税的弊端得到进一步缓解，有利于生产的专业协作化分工，税收制度向着推动全面发展的方向迈出了一步。

3.3.2 约束条件的逻辑

下面分别从财政汲取能力、中央和地方两个积极性、税收征管能力和宏观经济环境四个方面，阐述推动或制约这一时期税制改革方案的约束条件。

第一，财政汲取能力，即要考虑具体税制改革对财政收入总量的影响。以第二步利改税为例，在完全的以税代利的指导思想下，国家对有营利的国营大中型企业不但征收所得税，还要征收调节税，而调节税是"一户一率"测算出来的。[①] 这就是在要"放权让利，搞活企业"的改革目标下，受到了"国家财政收入稳定增长"的约束条件制约，不得不在征收了55%的所得税后，再加征一道调节税，以保证财政收入不受影响。1984年一般公共预算收入占GDP的比例为22.5%，税收收入占GDP的比例为13%。利改税后，虽然一般公共预算收入中的企业收入下降，但新增了国营企业所得税和调节税，1985年税收收入占GDP比例达到22.4%，与改革前的一般公共预算收入规模相当。[②]

第二，中央和地方两个积极性。这一时期的税制改革，形成了一些按照区域划分的税收优惠政策。这些政策虽然有助于释放地区经济的活力，但同时也严重妨碍了全国性统一市场的形成。

第三，税收征管能力，即税制改革的具体措施，要与同时期的税收征管能力相匹配。计划经济时代简化税制下形成的税收征管体系并不适应市场经济下的复合税制。20世纪50—80年代中期，在计划经济体制下，我

---

① 调节税一户一率，是在企业的留成算出后倒轧，即在保证企业一定的留成，保证企业的几个基金后，倒轧算出来的。见刘克崮，贾康. 中国财税改革三十年：亲历与回顾［M］. 北京：经济科学出版社，2008.

② 中经网统计数据库。

国的税收征管实行的是税务专管员专责管理模式，即"一员进厂、各税统管，集征、管、查于一身"的征管模式，这种征管模式适应了当时被过度简化的税收制度（钱冠林，王力，2009）。改革开放后，经济体制由计划经济向有计划的商品经济转变，通过两步利改税和1984年工商税制改革，建立了包括所得税系和流转税系等的复合税收制度。与此相适应，20世纪80年代末期，我国的税收征管模式开始"征管、检查"两分离和"征收、管理、检查"三分离的专业化改革，逐步实现了从原先税务专管员的管户制向管事制的转变。①

一方面，征管模式的转变，有效保障了复合税收制度下的税收收入。如1987—1991年年底，各级税务机关通过检查各类纳税户，共查补税款300多亿元，罚款15多亿元。②另一方面，这一时期税收信息化建设正处于起步阶段（如1982年税务系统引入第一台计算机），虽然可以为利改税等方案的出台提供数据支撑（如数据普查和测算等），但如果要进行更深一步的税制改革（如用增值税完全替代产品税等），当时的税收管理信息化程度还需要进一步的改善。因此，这一时期产品税和增值税并行，也适应了当时的税收征管能力。

第四，宏观经济环境。为了适应吸收外资、引进国外先进技术的宏观经济目标，形成了对外资企业以及外籍人员的税收优惠政策。如外籍人员的工资、薪金所得，依照《中华人民共和国个人所得税法》规定应缴纳的个人所得税税额，减半征收。③

3.4　税制改革的成效与遗留问题

3.4.1　成效

1978—1993年的税制改革主要包括两步利改税，税利分流，1984年

---

① 国家税务总局. 国家税务总局关于印发《2002—2006年中国税收征收管理战略规划纲要》的通知［Z］. 2003-03-10.

② 税务稽查编写组. 税务稽查工作规程操作指南［M］. 吉林：长春出版社，1996.

③ 国务院. 关于对来华工作的外籍人员工资、薪金所得减征个人所得税的暂行规定［Z］. 1987-08-08.

工商税制改革以及之后的增值税扩大范围的试点。这一期间为适应新生市场主体，建立起了包括企业所得税和个人所得税的所得税体系，以及包括增值税、产品税、营业税等的流转税（或称商品和服务课税）体系，从而初步形成了一套包含流转税、所得税等的复合税收体系。从1973年简并税制后的一个被过度简化的税收制度，到一套包含流转税、所得税等的复合税收制度，满足了当时从计划经济向社会主义有计划商品经济过渡的发展需要。

在此期间，企业所得税的建立和改革（如税利分流，降低国营企业所得税率至33%），使得要素市场向统一市场的方向迈出了一步，且通过主要以税收形式固定国家和国营企业的利润分配关系，扩大了企业自主经营权，增强了企业活力，税收制度向着推动全面发展的方向迈出了一步。

流转税系的改革（如增值税的建立和扩大范围试点），使产品市场向统一市场的方向迈出了一步，且为流转税系增加了"消除重复征税"的因素，有利于生产的专业协作化分工，税收制度向着推动全面发展的方向迈出了一步。

3.4.2　遗留问题

本节将从所得税类和流转税类分别剖析这一期间税制改革的遗留问题。

1. 所得税类的遗留问题

由表3-3可以看出，企业所得税按照不同的经济成分分设税种，有的实行累进税率（如集体企业10%～55%的8级累进税率），有的实行比例税率（如私营企业为35%的比例税率），且税负高低不一，税率水平从33%、35%到55%不等。这样不利于不同经济成分的公平竞争，造成了资本要素市场的分割。

从个人所得税来看，1980年我国出台了第一部《个人所得税法》，规定的免征额为每月800元，然而1980年的职工年平均工资仅为762元（即每月平均工资约为64元），远远低于免征额，因此征税对象大部分是外籍个人。当时收入能到达800元的纳税人寥寥无几，此项税收收入较小。为了调节国内职工的工资收入差距，我国在1984—1986年出台了一系列有关奖金税、工资调节税、个人收入调节税的法规。如个人收入调节税，将地区进行了大致划分，并根据不同地区不同收入情况将免征额下调至 400～460 元不等。表 3-5 给出了 1980—1993 年个人所得税过渡时期的情况。如表 3-5 所示，在这一过渡期间，按照不同企业类型，先后出台了国营企业、事业单位和集体企业的奖金税；针对国营企业的增发工资，还出台了工资调节税；此外还有个人收入调节税。这一时期个人所得税的特点在于，类别较多、扣除标准和税率繁杂且不统一。

表 3-5　　　　　　　　　1980—1993 年个人所得税过渡时期情况

税　种	生效日期—失效日期	税率规定	来　源
国营企业奖金税	1985 年 1 月 1 日—1994 年 1 月 1 日	奖金税实行超额累进税率，按年计征，其分级税率如下：全年发放奖金总额人均不超过 4 个月标准工资的，免税；超过部分实行 3 级超额累进税率，税率为 30%～300%，企业职工每人月平均标准工资不足 60 元的，按 60 元计算	国务院，《国营企业奖金税暂行规定》（1985 年）
事业单位奖金税	1985 年 1 月 1 日—1994 年 1 月 1 日	不同类型的事业单位免征额略有不同，税率比照国营企业奖金税	国务院，《事业单位奖金税暂行规定》（1985 年）
国营企业工资调节税	1985 年 1 月 1 日—1994 年 1 月 1 日	企业当年累计增发的工资总额超过国家核定的上年工资总额 7% 以上的部分，计征工资调节税。工资调节税按三级超额累进税率计征，税率为 30%～300%	国务院，《国营企业工资调节税暂行规定》（1985 年）
集体企业奖金税	1985 年 8 月 24 日—1994 年 1 月 1 日	集体企业奖金税的征收和管理，与国营企业奖金税征税办法相同	国务院，《集体企业奖金税暂行规定》（1985 年）
城乡个体工商业户所得税	1986 年 1 月 1 日—1994 年 1 月 1 日	城乡个体工商业户全年所得额 1000 元以下免税，超过 1000 元的部分按照十级超额累进所得税税率进行征收，税率为 7%～60%	国务院，《中华人民共和国城乡个体工商业户所得税暂行条例》（1986 年）
个人收入调节税	1986 年 12 月 10 日—1994 年 1 月 1 日	按照 5 级超倍累进税率征税，将个人收入按全国不同类别的工资地区（工资类别按国家统一规定）划分为四个档次，每个档次都确定一个计税基数，免征额为 400～460 元不等，超倍累进税率为 20%～60%	财政部，《中华人民共和国个人收入调节税暂行条例施行细则》（1986 年）

在 1985 年之前，我国个人所得税收入较低，4 年累计不足 0.7 亿元，1985 年奖金税等出台后，总的个人所得税收入才逐步上升。图 3-6 显示了 1985—1993 年总个人所得税各分项的占比情况。1985 年我国开征奖金税和工资调节税，奖金税在 1985 年占比高达 88%，随后逐年下降，1993 年为 21%。工资调节税自 1985 年以来，占比逐年增加，由 0.17% 上升至 1993 年的 23.5%。个体工商户所得税从 1986 年开始征收，占比呈上升趋势，由 17% 上升至 1992 年的 38.8%，1993 年占比略有下降，为 25%。个人收入调节税于 1987 年开征，占比逐年上升，由 2.5% 上升至 1993 年的 20%。由于大部分人的工资收入达不到 800 元的每月扣除额，在我国总个人所得税中，个人所得税发挥的作用较小，主要通过其他四项来征收总的个人所得税。①

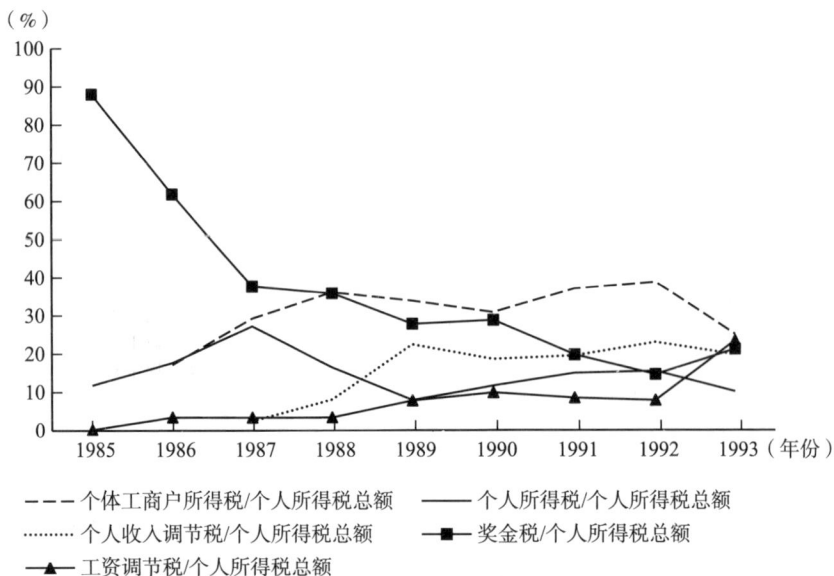

图 3-6　个人所得税分税种收入占总个人所得税比重

注：个人所得税总额 = 个体工商业户所得税 + 个人所得税 + 个人收入调节税 + 奖金税 + 工资调节税。

资料来源：国家税务总局. 中国税务年鉴 [M]. 北京：中国税务出版社，1993—1994.

_____

① 1985—1993 年，总个人所得税中，个人所得税占比基本不足 20%，仅 1987 年达到 27%。

可见这一期间个人所得税的主要遗留问题在于根据不同的经济成分，规定不同的税率，造成了劳动力市场的分割。

2. 流转税类的遗留问题

流转税类的遗留问题，主要集中在以下两方面。

第一，在工业产品内，产品税和增值税互不交叉，即对部分工业产品征收产品税，对部分工业产品征收增值税，这种税制设计既不利于统一市场的形成，也不利于推动经济的发展。首先，产品税导致重复课税，会造成同一产品的税负随着生产经营环节的改变而改变，如丛树海和夏锦良（1991）、姚朝智（1989）等。其次，产品税会阻碍企业的专业化生产发展，影响产业结构的调整和升级，如徐幼民（1991）、刘修文（1986）；再次，产品税不利于地区或企业间的联合和协作，而增值税可以平衡全能厂同协作厂、产成品生产厂同零配件生产厂之间的税负，如赵峰（1987）。

图3-7和图3-8分别给出了1993年产品税和增值税在各省的收入情况。如前所述（图3-5），随着增值税试行范围的扩大，到1993年产品税和增值税的税收规模已经非常接近。但这两种税在各省市的税收规模却差异较大。

图3-7给出了1993年各省份产品税占该省份GDP的比重情况。从全国平均水平来看，产品税占GDP的比重为2.5%左右；其中，贵州和云南产品税占GDP的比重最高，分别约为7%和10%，这主要是由于这两个省份的主要工业产品之一均为卷烟，而产品税税率中，针对卷烟的税率在32%~60%，为产品税税率最高的产品之一；其次，天津、山西、黑龙江、安徽、河南、湖南、甘肃和宁夏的产品税占该省份GDP的比重均超过全国平均水平；大多数地区的占比在1%~3%；海南和西安占比最低，分别为0.3%和0.2%左右。

图3-8是1993年各省份增值税占该省GDP的比重情况。从全国平均水平来看，增值税占GDP的比重在2.5%左右；其中，天津和上海最高，分别为5.3%和5%左右；北京、河北、山西等13个省份增值税占GDP的比重超过全国平均水平；大多数地区的占比在1%~4%。

（%）

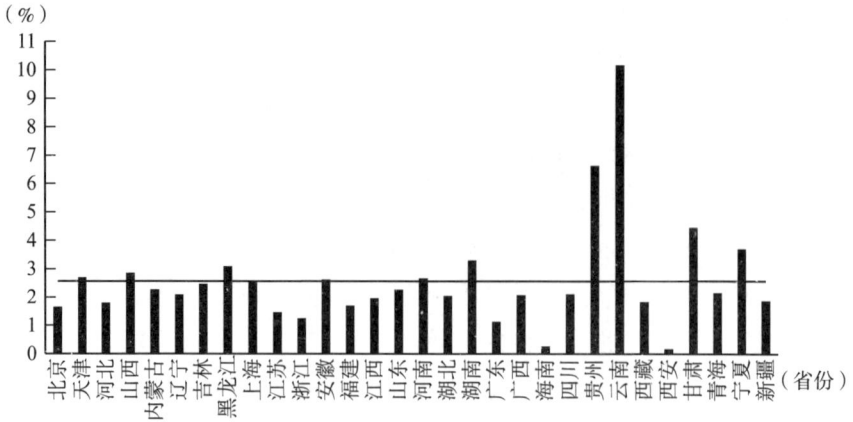

图 3 - 7　1993 年各省份产品税占该省份 GDP 比重

资料来源：国家税务总局 . 中国税务年鉴 ［M］. 北京：中国税务出版社，1994.

（%）

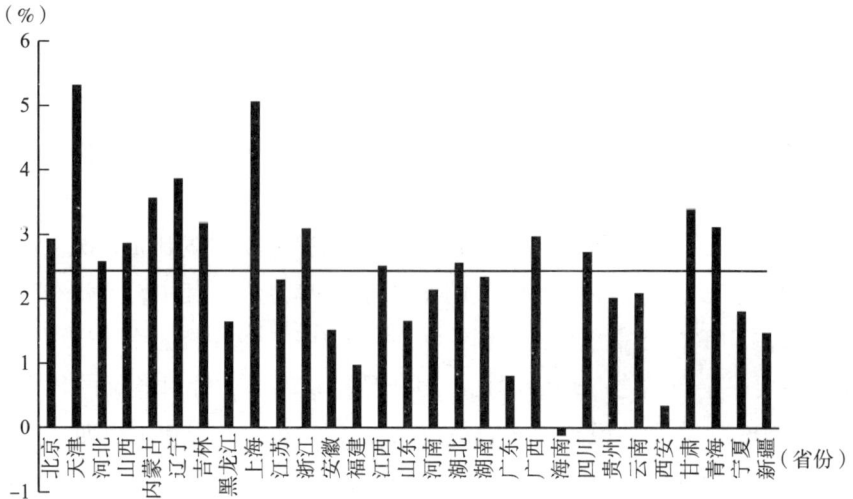

图 3 - 8　1993 年各省份增值税占该省份 GDP 比重

资料来源：国家税务总局 . 中国税务年鉴 ［M］. 北京：中国税务出版社，1994.

　　第二，在商品（主要指工业产品）和服务内，产品税、增值税以及营业税互不交叉，即对工业产品主要征收产品税和增值税，而对服务业务主要征收营业税。这种税制设计同样不利于统一市场的形成，也不利于推动经济的发展。

3.5　小　结

为适应新生市场主体，改革开放初期的税制改革以建立新税种为主，分别建立了一套内外有别、多税种的流转税系，一套针对不同经济成分的企业所得税系，以及一套多税种的个人所得税系，从而形成了一套多环节、多税种、多层次的复合税制。该复合税制相比计划经济时代的税制拓宽了税收调控作用的范围，基本上适应了当时发展有计划商品经济体制下多种经济成分、多种组织形式、多种经营方式和多种流通渠道并存的经济发展模式。该税制有助于把更多的经济成分纳入经济发展的整体调控上来，从而有利于市场的建立，但也为市场分割埋下了伏笔。

随着社会主义商品经济的进一步发展，上述复合税制对统一市场形成的妨碍作用也不断凸显，分别表现在产品市场和要素市场的不统一两个方面。为此，1988—1993 年，税制改革中出现了迈向统一要素市场和产品市场的努力，如税利分流，缩小国营企业和其他企业之间的所得税税率，使得要素市场向统一市场的方向迈出了一步；增值税试行范围的扩大，使得产品市场向统一市场的方向迈出了一步。但受困于各种约束条件，这个时期为构建统一市场而进行的改革进展并不快。

/ 第 4 章 /

1994 年工商税制改革

4.1 改革前的严峻形势

4.1.1 时代背景

1992 年，中共十四大报告提出建立社会主义市场经济体制的改革目标，为了加速改革开放，推动经济发展，必须加快市场体系的培育，尽快形成全国统一的开放的市场体系（江泽民，1992）。1993 年，中共十四届三中全会通过的《关于建立社会主义市场经济体制若干问题的决定》，明确了税制改革的原则和内容，要求按照"统一税法、公平税负、简化税制和合理分权"的原则，改革税收制度。建立社会主义市场经济体制的改革目标，对税制改革继续朝着统一市场的方向迈进，提出了紧迫的要求。

1993 年以前形成的复合税制，虽然推动了市场的建立，但也导致了市场严重分割的现象。复杂而碎片化的税制也使得税收征管成本不断提高。据统计，到 1993 年中国税收体系内一共有 37 个税种（谢旭人，2008）。

4.1.2 现实窘境

除了时代背景提出的紧迫要求，现实的窘境也让税制改革刻不容缓。

图 4-1 给出了 1978—1993 年财政收入占 GDP 的比例。从图 4-1 中可以看出，经过十几年的放权让利，财政收入占 GDP 的比例正在不断的下降，从 1978 年的 31%，下降到 1985 年的 22%，再到 1993 年的 12%；与此同时，中央财政收入占 GDP 的比重也在不断下降，从 1984 年的 9%，下降到 1993 年的 3%。可见，当时财政很困难，而中央财政更困难。[①] 1981—1989 年，中央向地方借款累积达到 422.16 亿元，借款占中央财政支出比重平均达到 5.91%（李萍，2010）。

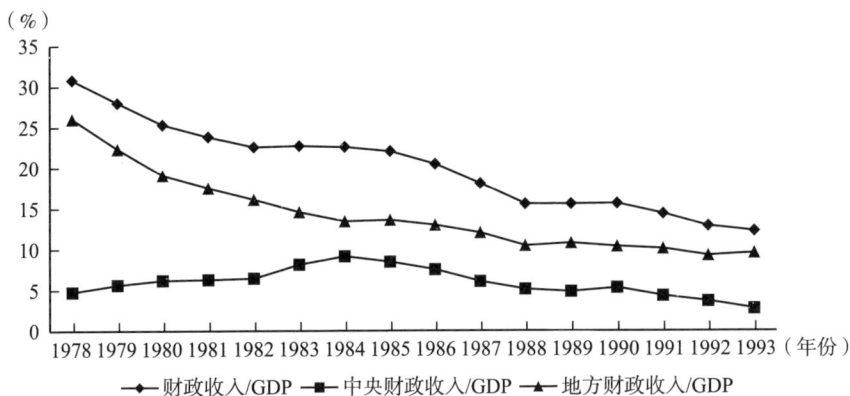

图 4-1　财政收入占 GDP 比例（1978—1993 年）

资料来源：中经网统计数据库。

图 4-2 给出了 1978—1993 年税收收入占 GDP 的比例。税收收入在 1983—1984 年的利改税后，有了迅速的上升，如税收收入占 GDP 比例从 1984 年的 13% 上升至 1985 年的 22%，但之后一直呈现下降趋势，到 1993 年下降至 12%。与此相类似，中央税收收入与地方税收收入占 GDP 的比例也在不断下降，且两者之间的差距并没有改善。如 1990 年，中央税收占 GDP 比例为 4%，地方税收占 GDP 比例为 11%；到 1993 年前者下降至 2.5%，后者下降至 9.5%，两者之间的差距仍然很大。

---

①　本章出现的财政收入是指一般公共预算收入。

（%）

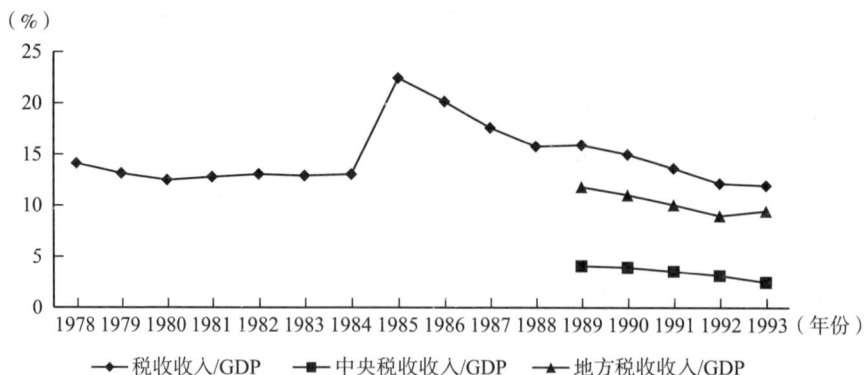

图 4 – 2　税收收入占 GDP 比例（1978—1993 年）

资料来源：1989—1993 年中央和地方的税收收入来自中国财政年鉴编辑委员会．中国财政年鉴［M］．北京：中国财政杂志社，1994；其余数据来源于中经网。

随着改革开放的深入，各种所有制经济共同发展。图 4 – 3 和图 4 – 4 给出了不同所有制经济对财政收入和工商税收的贡献。

（%）

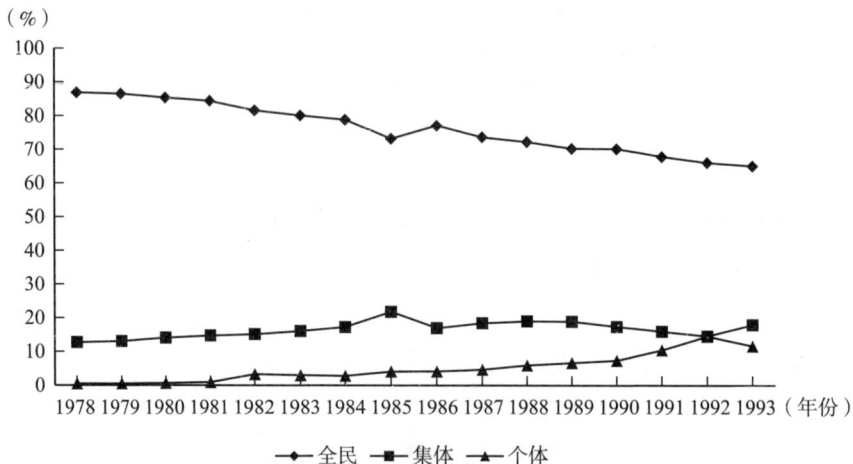

图 4 – 3　国家财政分经济类型收入（1978—1993 年）

资料来源：中国财政年鉴编辑委员会．中国财政年鉴［M］．北京：中国财政杂志社，1994.

图 4 – 3 给出了 1978—1993 年国家财政分经济类型收入，即来自全民所有制、集体所有制、个体经济类型的财政收入占国家财政总收入的比例

情况。从图 4 - 3 中可以看到，来自全民所有制的财政收入占国家财政收入的比重最高，但略有下降趋势，从 1978 年的 86% 下降到 1993 年的 65%；来自集体所有制的财政收入占比在波动中略有上升，从 1978 年的 13% 上升到 1993 年的 18%；而来自个体经济的财政收入占比则一直呈现上升趋势，从 1978 年的 0.5% 上升至 1993 年的 12%。可见，个体所有制经济在经济生产中的地位逐步上升。

图 4 - 4 给出了 1986—1993 年工商税收分经济性质收入占比情况。与财政收入类似，来自国有经济的工商税收占比有缓慢下降趋势，而来自私营个体经济和其他经济的工商税收占比有逐步上升趋势，如 1993 年来自私营个体经济的工商税收占比上升至 7%，来自其他经济的工商税收占比上升至 6%。

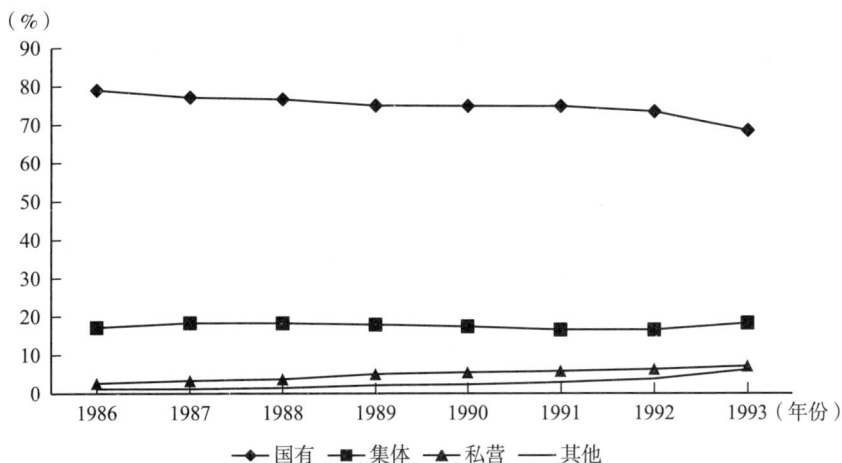

图 4 - 4　工商税收分经济性质收入占比（1986—1993 年）

资料来源：国家税务总局. 中国税务年鉴［M］. 北京：中国税务出版社，1994.

不同所有制经济的共同发展，对"统一税法、公平税负"提出了紧迫的要求，即不同所有制经济应该享有相同的税收待遇，这样才能促进平等竞争。

4.2　1994 年工商税制改革的经济分析

4.2.1　总目标的逻辑

1. 迈向统一要素市场的努力

要素市场的统一与个人所得税和企业所得税相关。表 4 - 1 显示了 1993 年和 1994 年企业所得税和个人所得税的变化。针对企业所得税，1994 年税制改革把内资企业（国营企业、集体企业和私营企业）的企业所得税税率统一为 33%；内资企业所得税占税收总收入的比重，由 1993 年的 16% 下降至 1994 年的 13.8%。针对个人所得税，1994 年税制改革，取消了名目繁多的奖金税、调节税等，把个人所得税、个人收入调节税，以及城乡个体工商业户所得税等税种合并为个人所得税；个人所得税类占税收总收入的比重，由 1993 年的 1.19% 上升至 1994 年的 1.42%。

因此，1994 年税制改革，统一了内资企业的企业所得税，使不同经济成分的内资企业享有相同的税收待遇，内资企业公平税负的局面基本形成，有利于资本要素市场的统一；同时，1994 年税制改革，统一了名目繁多的个人所得税类，使不同所有制经济中的劳动者享有相同的税收待遇，个人所得税公平税负的局面基本形成，有利于劳动力要素市场的统一。

2. 迈向统一产品市场的努力

产品市场的统一与流转税类相关。表 4 - 2 显示了 1993 年和 1994 年流转税类的变化。1993 年的流转税类主要有工商统一税、产品税、增值税和营业税。其中工商统一税是 1958 年建立，1973 年简并税制（将企业缴纳的各种税，包括工商统一税、车船使用牌照税、城市房地产税和盐税等，统简并为工商税）后，就只对外商投资企业和外国企业征收；产品税、增值税和营业税是 1984 年工商税制改革后，从工商税中分离出来的。1994 年税制改革，保留了营业税，将工商统一税、产品税、增值税 3 个税

表 4-1　　所得税类变化（1993 年和 1994 年）

所得税类	税　种	1993 年				1994 年				
		生效日期	税率水平	该税种占总税收收入的百分比（%）	来　源	税　种	生效日期	税率水平	该税种占总税收收入的百分比（%）	来　源
企业所得税	国营企业所得税	1984 年 10 月 1 日	大中型企业 55%；小型企业、饮食服务性的宾馆、饭馆、招待所等适用 8 级超额累进税率，10%~55%	12.0476	国务院，《中华人民共和国国营企业所得税条例（草案）》(1984 年)	企业所得税	1994 年 1 月 1 日	33%	13.7993	《中华人民共和国企业所得税暂行条例》(1993 年)
	国营企业调节税	1984 年 10 月 1 日	国营企业的调节税率，由财税部门商企业主管部门核定	1.6509	国务院，《国营企业调节税征收办法》(1984 年)					
	集体企业所得税	1985 年 1 月 1 日	适用 8 级超额累进税率 10%~55%	2.2503	国务院，《集体企业所得税暂行条例》(1985 年)					
	私营企业所得税	1988 年 1 月 1 日	35%	0.0313	国务院，《私营企业所得税暂行条例》(1988 年)					

续表

所得税类	1993年 税种	生效日期	税率水平	该税种占总税收收入的百分比（%）	来源	1994年 税种	生效日期	税率水平	该税种占总税收收入的百分比（%）	来源
个人所得税	个人所得税	1980年9月10日	实行从价定率，如工资、薪金所得适用超额累进税率 5%~45%	0.2022	全国人民代表大会，《中华人民共和国个人所得税法》(1980年)	个人所得税	1993年10月31日	如工资、薪金所得，适用9级超进税率，5%~45%	1.4174	全国人大常委会，《中华人民共和国个人所得税法》(1993年)
	个人收入调节税	1986年12月10日	适用超额累进税率 20%~60%	0.3958	财政部，《中华人民共和国个人收入调节税施行细则》(1986年)					
	城乡个体工商业户所得税	1986年1月1日	适用10级超额累进税率 7%~60%	0.5002	国务院，《中华人民共和国城乡个体工商业户所得税暂行条例》(1986年)					
	国营企业奖金税	1984年6月28日	适用超额累进税率 30%~300%	0.0252	国务院，国务院关于发布《国营企业奖金税》的通知(1984年)					
	集体企业奖金税	1985年8月24日	适用超额累进税率 30%~300%	0.0133	国务院，《集体企业奖金税暂行规定》(1985年)					
	事业单位奖金税	1985年1月1日	适用超额累进税率 30%~300%	0.0039	国务院，《事业单位奖金税暂行规定》(1985年)					
	国营企业工资调节税	1985年1月1日	适用超额累进税率 30%~300%	0.0467	国务院，《国营企业工资调节税暂行规定》(1985年)					

表 4-2　　流转税类变化（1993 年和 1994 年）

税类	税种	1993 年				税种	1994 年			
		生效日期	税率水平	该税种占总税收入的百分比（%）	来源		生效日期	税率水平	该税种占总税收入的百分比（%）	来源
流转税类	工商统一税	1958 年 9 月 13 日	2%~69%	3.9692	全国人大常委会，《中华人民共和国工商统一税条例（草案）》（1958 年）	增值税	1994 年 1 月 1 日	17%	43.1572	《中华人民共和国增值税暂行条例》（1993 年）
	产品税	1984 年 10 月 1 日	3%~60%	18.4781	国务院，《中华人民共和国产品税条例》（1984 年）			13%		
	增值税	1984 年 10 月 1 日	6%~16%	19.3605	国务院，《中华人民共和国增值税条例》（1984 年）	消费税	1994 年 1 月 1 日	从价定率：3%~45%；从量定额：0.1~240 元	10.0269	《中华人民共和国消费税暂行条例》（1993 年）
	营业税	1984 年 10 月 1 日		22.7144	财政部，《中华人民共和国营业税条例（草案）实施细则》（1984 年）	营业税	1994 年 1 月 1 日	3%~20%	13.268	《中华人民共和国营业税暂行条例》（1993 年）

种调整合并为增值税；① 同时，在征收增值税的基础上，从调节消费结构的角度出发，选择了少数特殊消费品（包括烟、酒等 11 个税目），征收消费税。② 至此，1994 年税制改革，形成了以增值税为核心的流转税体系：增值税占税收总收入的比例为 43%、消费税为 10%、营业税为 13%。③

1994 年税制改革，使税收制度向统一产品市场的方向迈出了一步，主要表现在以下两个方面：第一，用增值税完全取代产品税，杜绝了工业产品内产品税和增值税互不交叉的情况。同一产品的税负，也不再随着生产经营环节的改变而改变，公平了税负。第二，取消了只对外商投资企业和外国企业（以下简称外资企业）征收的工商统一税，新的流转税制统一适用于内资企业和外资企业。内资企业和外资企业处于同一流转税系中，公平了税负。

3. 推动全面发展的落脚点

从所得税系来看，1994 年工商税制改革通过统一内资企业的企业所得税，降低了企业所得税税率，如私营企业的企业所得税税率从 35% 下调至 33%，国营企业的企业所得税税率也从 55%（或 10% ~ 55% 的累进税率），调至了 33%。④ 企业所得税税率下降，提高了企业的投资积极性，促进了经济发展。因此，所得税系的这一改革，使得税收制度向着推动全面发展的方向迈出了一步。

从流转税系来看，1984 年工商税制改革后，形成了产品税、增值税和营业税"三足鼎立"的流转税系局面，如 1993 年产品税在三税之中的占比为 31%，增值税为 32%，营业税为 37%。⑤ 其中，产品税和营业税都是对销售额（或营业额）全额征收，存在重复征税的弊端。1994 年工商

① 对不实行增值税的劳务、转让无形资产和销售不动产征收营业税，共设 9 个税目。
② 这些特殊消费品，主要包括以下三大类：第一，非生活必需品中一些高档、奢侈的消费品，如化妆品、贵重首饰；第二，从保护身体健康、生态环境等方面的需要出发，不提倡也不宜过度消费的消费品，如烟、酒；第三，一些特殊的资源性消费品，如汽油、柴油。
③ 1994 年税制改革虽然保留了营业税，但范围却大大缩小了。与此相对应，营业税占税收总收入的比重，也从 1993 年的 23% 下降至 1994 年的 13%。
④ 虽然 1988 — 1993 年税利分流试点，降低了国营企业所得税税率至 33%，但只是在税利分流的试点地区和行业，并不是全国范围内统一的下调。
⑤ 国家税务总局. 中国税务年鉴 [M]. 北京：中国税务出版社，1994.

税制改革，取消旧的多环节重复征收的产品税，工业生产环节普遍实行增值税，从而解决了因生产环节不同（如初级产品、中间产品到最终产品）所造成的税负不公平现象，缓解了重复征税的问题，促进了生产的专业协作化分工，税收制度向着推动全面发展的方向迈出了一步。

综上所述，1994年工商税制改革形成了相比于1978—1993年更为"市场统一，全面发展"的，包含所得税系和流转税系等的复合税收制度。图4-5给出了1994年我国的税制结构。从图4-5中可以看出，税制结构中以流转税占比最大，增值税占比43%，营业税占比13%，消费税占比10%；所得税占比次之，如企业所得税占比14%，个人所得税占比1%。

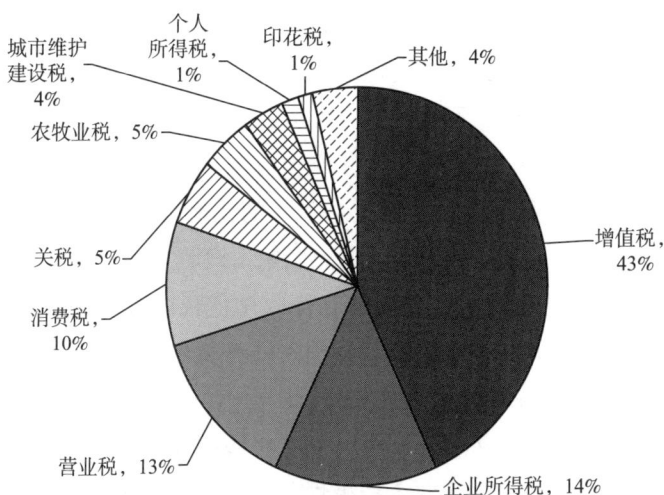

图4-5　1994年各项税收占总税收比例

注：农牧业税中包括契税、农林特产税和耕地占用税。

资料来源：关税税额数据来源于中国财政年鉴编辑委员会. 中国财政年鉴［M］. 北京：中国财政杂志社，1995；农牧业税税额来源于中华人民共和国国家统计局. 中国统计年鉴［M］. 北京：中国统计出版社，1995；其余数据来源于国家税务总局. 中国税务年鉴［M］. 北京：中国税务出版社，1995。

4.2.2　约束条件的逻辑

下面分别从财政汲取能力、中央和地方两个积极性、税收征管能力以及宏观经济环境四个方面，阐述推动或制约这一时期税制改革方案的约束条件。

首先，财政汲取能力，即要考虑具体税制改革对财政收入总量的影响。如前所述，1994 年工商税制改革前夕，财政收入占 GDP 的比重达到了历史最低点。1994 年税制改革的指导思想之一就是"保障财政收入"。流转税类的改革，如增值税的选择以及消费税的开征，就突出了这一指导思想。

作为流转税改革的核心，增值税改革受到"财政汲取能力"的影响。例如，1994 年税制改革选择了生产型增值税，而非规范的消费型增值税，其中一个原因就是不能影响财政收入。这两者的区别主要在于对固定资产价值的不同处理：生产型增值税，增值额中不准抵扣任何购进固定资产价款；消费型增值税，增值额中准许一次全部抵扣当期购进的用于生产应税产品的固定资产价款。因此，前者的税基大于后者。在取消多环节重复征税的产品税后，选择生产型增值税，而非消费型增值税，有利于保障财政收入。

再如，消费税的开征。在流转税类改革过程中，把原来征收产品税的产品改为征收增值税后，不少产品的税负大幅下降。由表 4－2 可以看出，1993 年的产品税等 4 个税种之和占税收总收入的比例为 65％，改革后 1994 年增值税和营业税之和占税收总收入的比例只有 56％。在考虑对一些消费品进行特殊调节之外，也从保障国家财政收入的角度出发（即确保财政汲取能力），选择了少数消费品在征收增值税的基础上再征收了一道消费税。1994 年，增值税、营业税和消费税三税之和占税收总收入的比例为 66％，与改革前的 1993 年基本持平。

其次，中央和地方两个积极性。1994 年税制改革的基本原则之一就是要"有利于调动中央、地方两个积极性和加强中央的宏观调控能力"。在 1994 年工商税制改革颁布之前，已经颁布了实行分税制财政管理体制的决定。分税制改革在处理中央和地方分配关系时，强调要"调动两个积极性，既要考虑地方利益，调动地方发展经济、增收节支的积极性，又要逐步提高中央财政收入的比重"。在划分中央和地方收入时，已经把营业税划为地方税，成为地方财政收入的主要来源之一。虽然营业税和产品税都存在重复征税的弊端，但从调动中央和地方积极性的原则出发，一方面保留了营业税，另一方面又把营业税的征收范围缩小了，如商品零售和商品批发等，改征增值税。

再次，税收征管能力，即税制改革的具体措施，要与同时期的税收征管能力相匹配。1994 年税制改革后建立的税收制度，与当时"征管制度不严密、征管手段落后"的局面并不匹配，亟须配套推进税收征管制度改革。这一时期的税收征管改革，主要包括两个方面：第一是税收征管模式的改变，第二是以金税工程为核心的信息化征管手段的建立。

表 4-3 给出了这一时期配套的税收征管模式。1994 年，以"申报、代理、稽查三位一体"的税收征管模式被提出来，包括普遍建立纳税申报制度，积极推行税务代理制度、建立严格的税务稽查制度。从税收征管模式上，较之 20 世纪 80 年代提出的"征、管、查三分离或两分离"，有了很大进步。同时，在落实机构保障和技术保障方面，也做出了相应规定。在机构保障方面，组建了国税和地税两个税务机构，划定了各自的征收范围；在技术保障方面，提出推进税收征管的计算机化，"在重新规范统一税收征管业务的基础上，总局将完成一套符合各方面标准的、兼容各种软硬件平台的，包含国税与地税业务的先进的税收征管计算机软件，在全国范围内逐步推广"。

在税收征管模式的实践中，改革的目标和思路逐渐明晰。1997 年，提出了"30 字"的现代税收征管模式；在技术保障方面，2001 年国税总局提出要加快推广应用全国统一的、覆盖国税局、地税局所有税种征管业务的中国税收征管信息系统（CTAIS）。

表 4-3　　　　　　　　　1994—2002 年税收征管模式

时　期	征管模式	征管改革的目标和内容	实施日期	来　源
1994—1996 年	"申报、代理、稽查三位一体"的税收征管格局	建立申报、代理、稽查三位一体的税收征管格局	1994 年 1 月 1 日	国务院批转《国家税务总局工商税制改革实施方案的通知》（1993 年）
		推进税收征管的计算机化	1994 年 11 月 1 日	国家税务总局《关于税收征管计算机软件开发及推广应用工作有关问题的通知》（1994 年）
		组建国税和地税两个税务机构，划定征收范围	1993 年 12 月 9 日	国务院办公厅转发《国家税务总局关于组建在各地的直属税务机构和地方税务局实施意见的通知》（1993 年）

续表

时　期	征管模式	征管改革的目标和内容	实施日期	来　源
1997—2002 年	"以申报纳税和优化服务为基础，以计算机网络为依托，集中征收、重点稽查"的税收征管模式	确立"以申报纳税和优化服务为基础，以计算机网络为依托，集中征收、重点稽查"的30字税收征管模式	1997 年1 月23 日	国务院办公厅关于转发《国家税务总局深化税收征管改革方案的通知》（1997 年）
		实现税收征管的"信息化和专业化"，建设全国统一的税收征管信息系统	2001 年12 月3 日	国家税务总局关于印发《国家税务总局关于加速税收征管信息化建设推进征管改革的试点工作方案》的通知（2001年）

　　一方面，税收征管模式的一步步改进，推动了税制改革的顺利进行。另一方面，以金税工程为核心的信息化征管手段，也助力于这一时期的增值税改革。

　　1994 年，我国建立了以增值税为核心的流转税体系，并实施以增值税专用发票为主要扣税凭证的增值税征管制度。随着税制改革的推进，新税制与旧征管手段之间的矛盾日益突出，国务院决定引入信息化技术手段加强对增值税的监控管理，定名为金税工程。[①] 表4 - 4 给出了金税工程一期实施过程。1994 年税制改革初期，增值税计算机交叉稽核系统和增值税防伪税控系统就相继在一些城市试运行；全国范围内百万元版和十万元版以上的增值税专用发票，也分别于1996 年和2000 年纳入防伪税控系统管理，相对应的手写专用发票停止使用。但这一时期的交叉稽核系统仍然依赖于人工手动录入原始数据进行比对，操作过程中难免出现错误（钱冠林，王力，2009）。

---

　　① 金税工程是税收信息管理系统工程的总称，它依托计算机网络技术，实现全国税务机关互联互通、信息共享。

表 4 - 4　　　　　　　　　　金税工程一期实施过程

组成部分	实施情况	实施时间	来　源
包括增值税计算机交叉稽核系统、防伪税控系统两部分	1994 年，增值税计算机交叉稽核系统在全国 50 个城市试运行	1994 年 8 月	"统一思想，做好准备，大力推进税收信息化建设"，国家税务总局局长金人庆在全国税务系统信息化建设工作会议上的讲话（1994 年）①
	1994 年，增值税防伪税控系统在珠海、鞍山、镇江 3 个城市试运行	1994 年 9 月	财政部、国家税务总局，《关于做好增值税发票防伪税控系统试点工作有关问题的通知》（1994 年）
	全国范围内百万元版以上的增值税专用发票纳入防伪税控系统管理，手写百万元版专用发票停止使用	1996 年 1 月 1 日	国家税务总局，《关于继续推行增值税专用发票防伪税控系统的通知》（1997 年）
	由于系统安全性方面的原因，增值税防伪税控系统暂停推广	1996 年 11 月 1 日	
	在全国范围内继续扩大推行防伪税控系统	1998 年	
	全国范围内十万元版以上的增值税专用发票全部纳入防伪税控系统管理，手写十万元版专用发票停止使用	2000 年 1 月 1 日	国家税务总局，《关于进一步推行增值税防伪税控系统的通知》（1999 年）

最后，宏观经济环境。以增值税改革为例，如果把实施规范的消费型增值税看作是增值税改革的长期目标的话，那么 1994 年税制改革，在取消产品税的同时，选择了生产型增值税，这就是一个短期目标。刘仲藜（2008）称当时采取生产型增值税，也是一个"不情愿的选择"。图 4 - 6 给出了 1978—1993 年消费和投资占 GDP 的比例。从图 4 - 6 中可以看出，20 世纪 90 年代以来，投资占 GDP 的比例一直在攀升，如 1990 年投资占 GDP 比例为 34%，1992 年达到 40%，1993 年继续上升至 43%。图 4 - 7 给出了 1981—1993 年的全社会固定资产投资总额增长率。从图 4 - 7 中可以看出，固定资产投资总额增长率在进入 90 年代后也进入了一直攀升的局面，如 1990 年固定资产投资总额增长率为 2.4%，1991 年为 24%，

---

① 《国家税务总局公报》2002 年第 6 期，http：//www. chinatax. gov. cn/n810341/n810765/n812203/n813144/c1208591/content. html。

1992年进一步上升至44%，而到了1993年则达到了62%。可见，1993年前后，中国经济处于投资过热的局面。而生产型增值税和消费型增值税的区别就在于对固定资产价值的不同处理，前者增值额中不准抵扣任何购进固定资产价款，计税依据相当于国民生产总值；后者增值额中准许一次全部抵扣当期购进的用于生产应税产品的固定资产价款，计税依据只包括全部消费品。因此，在投资过热的情况下，如果选择消费型增值税，增值额中准许抵扣固定资产价款，无疑将会进一步刺激本就过热的投资。在此宏观经济环境下，此轮增值税改革在取消多环节重复征税的产品税后，选择了暂时实行生产型增值税这一短期目标，然这一短期目标也必将为今后实行消费型增值税这一长期目标打下坚实的基础。

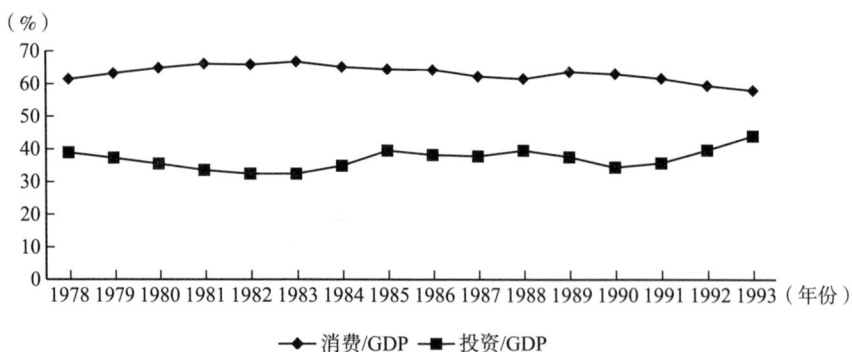

图 4 - 6 GDP 支出法中消费与投资占比

资料来源：中经网统计数据库。

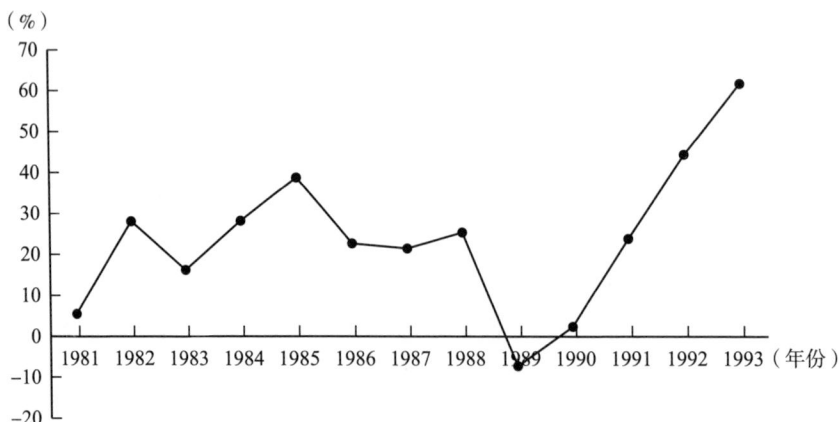

图 4 - 7 全社会固定资产投资总额增长率（1981 — 1993 年）

资料来源：中经网统计数据库。

另一个宏观经济环境的制约体现在对外资的态度上。1994 年前后中国正处于对外进一步扩大开放的阶段，为了继续吸引外商直接投资和融入国际市场，这次税制改革中继续维持了对外资企业的所得税优惠政策，并没有完全实现资本要素市场的统一。

4.3　税制改革的成效与遗留问题

4.3.1　成效

1994 年税制改革，实现了财政收入的稳步上升，促进了要素市场和产品市场的统一，推动了经济社会的全面发展。

首先，财政收入稳步上升。如图 4 - 8 所示，财政收入占 GDP 比例由 1994 年的 10% 逐步上升，到 2000 年达到 13%；中央财政收入占 GDP 比例由 1994 年的 6% 逐步上升，到 2000 年达到 7%。

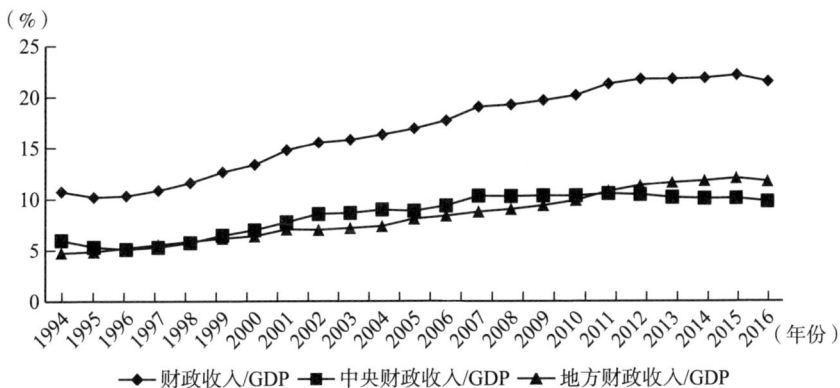

图 4 - 8　财政收入占 GDP 比例（1994—2016 年）

资料来源：中经网统计数据库。

其次，促进了市场统一。内资企业所得税的统一，有利于资本要素市场的统一；取消各类奖金税、调节税，建立内外统一的个人所得税制度，有利于劳动力要素市场的统一；取消产品税、工商统一税，形成以增值税为核心的内外统一的流转税制度，有利于产品市场的统一。

最后，推动了经济发展。以增值税为核心的流转税系的建立，在工业生产领域和批发零售商业普遍征收增值税，避免了重复征税，促进了企业间和地区间专业化协作分工的发展。

4.3.2 遗留问题

1. 所得税类的遗留问题

1994 年税制改革虽然统一了内资企业所得税制度，但内资企业和外资企业之间的税收政策仍然存在差异，税收负担不尽公平。虽然内资企业和外资企业所得税的法定税率都是 33%，但由于税收优惠等政策因素的影响，内资企业和外资企业之间实际税率差别很大。据测算，我国外资企业实际平均所得税税率只有 11%，而一般内资企业的平均税率达到了 22%，国有大中型企业的税率更高达 30%（安体富，2002；安体富、王海勇，2005）。因此，我国内外资企业面临着一个严重不公平的竞争环境。

2. 流转税类的遗留问题

虽然取消了产品税和工商统一税，增值税的征收范围大大扩大，但生产型增值税的选择，使得对机器设备等固定资产的重复征税仍然存在。增值税和营业税的并存，也不利于企业的专业化分工和技术进步。

4.4 小 结

改革开放初期形成的复合税制，虽然推动了市场的建立，但也导致了市场严重分割的现象。1992 年中共十四大报告要求尽快形成全国统一的开放的市场体系；1993 年中共十四届三中全会也提出了"统一税法、公平税负"的原则。这些对税制改革继续朝着"统一市场"的方向迈进，提出了紧迫的要求。

　　1994 年的税制改革不论从要素市场还是产品市场，都向统一市场的目标迈出了坚实的一步。内资企业所得税的统一，有利于资本要素市场的统一；内外统一的个人所得税制度，有利于劳动力要素市场的统一；取消产品税、工商统一税，形成以增值税为核心的内外统一的流转税制度，有利于产品市场的统一。但是因为约束条件的制约，统一市场的税制构建并没有一蹴而就，这也就为日后进一步完善税制改革提出了任务清单。

第 5 章

完善税收制度的改革
(2003—2012 年)

5.1 税制改革的背景

1994 年建立的税收制度，适应了当时初步建立社会主义市场经济体制的需要。但随着经济的发展，税收制度的一些弊端也逐步显露出来。比如在所得税系中，税收制度不统一的问题没有解决，不利于企业公平竞争，构建一个统一要素市场的任务仍未完成；在流转税系中，重复征税的问题（如机器设备等固定资产）未得到彻底解决，构建一个统一产品市场的任务仍未完成，影响国内产品竞争力的提高，也不利于企业扩大投资和技术的更新换代。

2002 年，中共十六大报告在总结完善社会主义市场经济体制的任务时，指出，要"健全统一、开放、竞争、有序的现代市场体系""促进商品和生产要素在全国市场自由流动"。完善社会主义市场经济体制的任务，对税制改革继续朝着"统一市场，全面发展"的方向提出了紧迫的要求。

2003 年，中共十六届三中全会通过的《中共中央关于完善社会主义市场经济体制若干问题的决定》指出，要按照"简税制、宽税基、低税率、严征管"的原则，分步实施税收制度改革，包括"统一各类企业税收制度；增值税由生产型改为消费型，将设备投资纳入增值税抵扣范围；改进个人所得税，实行综合和分类相结合的个人所得税制"等具体内容。

在这一原则的指导下，2003—2012 年相继开展了一系列税收制度改革，如"两法"合并、个人所得税改革、增值税转型等。

5.2　所得税类改革的经济分析

这一时期所得税类的改革包括企业所得税的"两法"合并，统一了内资和外资企业的所得税制度，以及 2005 年、2008 年和 2011 年个人所得税法实施条例的修订，缩小了内外籍人员工资薪金费用扣除标准的差距。

5.2.1　"两法"合并

1. 迈向统一要素市场的努力

企业所得税"两法"合并如何体现迈向统一要素市场？可以从两个角度来看：一是不同所有制企业；二是不同地区。

第一，不同所有制企业。

不同所有制企业的企业所得税，其演变历程大致经历了三个阶段：

第一阶段（1991 年以前）的特点为不同类型的企业面临的企业所得税税率不同（如第 3 章的表 3-3 所示）：如外资企业分为中外合资经营企业（税率为 33%）和外国企业（超额累进税率，20%~40%，分为 5 档，最高边际税率对应的下限为 100 万元）。内资企业分为国营企业—大中型企业（税率为 55%）、国营企业—小型企业及其他（超额累进税率，10%~55%，分为 8 档，最高边际税率对应的下限为 20 万元）、国营企业调节税（核定的基期利润扣除按 55% 计算的所得税和 1982 年合理留利后的余额，占核定基期利润的比例，为调节税税率）、集体企业（超额累进税率，10%~55%，分为 8 档，最高边际税率对应的下限为 20 万元）和私营企业（税率为 35%）。这一时期不同类型企业的税率不同，分别在10%~55%；税率类型各异，有比例税率，也有累进税率；从而导致不同类型企业的企业所得税税负差异显著。

第二阶段（1991—2007 年）的特点是形成了内外有别的企业所得税

制度（如表 5-1 所示），即分别统一了内资企业和外资企业的企业所得税制度。内资企业（包括联营企业、股份制企业、国营企业、集体企业、私营企业）的企业所得税税率统一为 33%。外资企业包括外商投资企业和外国企业在内的企业所得税税率为 33%，其中所得税税率为 30%，再按其应纳税所得额缴纳 3% 的地方所得税。

第三阶段（2008 年至今）也就是"两法"合并时期（如表 5-1 所示），内资企业和外资企业所得税法合并的同时降低了企业所得税税率，中国居民企业皆按 25% 的所得税税率缴纳企业所得税。

表 5-1　　　　　　　　　企业所得税税率变化

时　期	征税对象（企业类型）	生效日期	税率水平（%）	来　源
内外有别时期	联营企业、股份制企业、国营企业、集体企业、私营企业	1994 年 1 月 1 日	33	《中华人民共和国企业所得税暂行条例》（1994 年）
	外商投资企业和外国企业	1991 年 7 月 1 日	33*	《中华人民共和国外商投资企业和外国企业所得税法》（1991 年）
"两法"合并时期	企业	2008 年 1 月 1 日	25	《中华人民共和国企业所得税法》（2008 年）

注：*税率为 30%；地方所得税按应纳税的所得额计算，税率为 3%。

因此，如果从不同所有制企业的角度来看，"两法"合并公平了不同所有制经济之间的税负，充分体现了市场经济条件下平等竞争的原则，使企业所得税制朝着统一市场的方向迈出了一步。

第二，不同地区。

企业所得税制度自建立以来，就伴随着不同形式的税收优惠政策。表 5-2 列出了历年来企业所得税税收优惠演变。1978—1990 年，企业所得税的税收优惠以"区域优惠"为主，如主要集中在经济特区和沿海港口城市等，这就造成了企业所得税在不同地区之间的政策差异，不利于统一市场的形成。

表 5 - 2　企业所得税税收优惠演变

时　期	优惠企业/行业	生效日期	优惠税率（%）/规定	来　源
1978—1990 年	在经济特区、沿海 14 个港口城市的经济技术开发区等地的中外合资经营、中外合作经营、客商独立经营企业	1984 年 12 月 1 日	15	国务院，《关于经济特区和沿海十四个港口城市减征、免征企业所得税和工商统一税的暂行规定》（1984 年）
	在浦东新区内兴办的中外合资经营、中外合作经营、外商独资经营的生产性企业	1990 年 10 月 1 日	15	财政部，《关于上海浦东新区鼓励外商减征、免征企业所得税和工商统一税的规定》（1990 年）
1991—2007 年	国务院批准的高新技术产业开发区内的高新技术企业	1994 年 1 月 1 日	15	财政部、国家税务总局，《关于企业所得税若干优惠政策的通知》（1994 年）
	一些第三产业企业，例如，对科研单位和大专院校服务于各企业的技术转让等所取得的技术性服务收入		在一定期限内减征或者免征所得税	
	国家确定的"老、少、边、穷"地区新办的企业		3 年内减征或者免征所得税	
	新办的劳动就业服务企业，当年安置城镇待业人员达到规定比例的企业		可在 3 年内减征或者免征所得税	
	民政部门举办的福利生产企业		可减征或者免征所得税	

续表

时　期	优惠企业/行业	生效日期	优惠税率（%）/规定	来　源
1991—2007年	年应纳税所得额在3万元（含3万元）以下的企业	1994年5月13日	18	财政部、国家税务总局，《关于印发企业所得税若干政策问题的规定的通知》（1994年）
	年应纳税所得额在10万元（含10万元）以下至3万元的企业		27	
	新办的服务型企业、商贸企业招用下岗失业人员达到职工总数30%以上（含30%），并与其签订3年以上期限劳动合同	2002年12月27日	3年内免征企业所得税	财政部、国家税务总局，《关于下岗失业人员再就业有关税收政策问题的通知》（2002年）
	设在西部地区国家鼓励类产业的内资企业和外商投资企业	2002年1月1日	2001—2010年，减按15%的税率征收企业所得税	财政部、国家税务总局、海关总署，《关于西部大开发税收优惠政策有关问题的通知》（2001年）
	东北老工业基地有关企业	2004年7月1日	提高固定资产折旧率，缩短无形资产摊销年限，提高计税工资税前扣除标准	财政部、国家税务总局，《关于落实振兴东北老工业基地企业所得税优惠政策的通知》（2004年）

续表

时　期	优惠企业/行业	生效日期	优惠税率（%）规定	来　源
"两法"合并时期	原享受企业所得税15%税率的企业	2008年1月1日	2008年按18%税率执行，2009年按20%税率执行，2010年按22%税率执行，2011年按24%税率执行，2012年按25%税率执行	《国务院关于实施企业所得税过渡优惠政策的通知》（2007年）
	原执行24%税率的企业	2008年1月1日	2008年起按25%税率执行	
	小型微利企业	2008年1月1日	20	《中华人民共和国企业所得税法》（2008年）
	国家需要重点扶持的高新技术企业		15	
	应纳税所得额低于3万元（含3万元）的小型微利企业	2010年1月1日	所得减按50%计入应纳税所得额，按20%的税率缴纳企业所得税	财政部、国家税务总局，《关于小型微利企业有关企业所得税政策的通知》（2009年）
	符合生产规定的集成电路企业	2011年1月1日	可享受相应优惠，例如，两免三减半，减税为10%	财政部、国家税务总局，《关于进一步鼓励软件产业和集成电路产业发展企业所得税政策的通知》（2012年）
	在新增加的岗位中，当年新招用自主就业退役士兵的商贸企业、服务型企业等	2014年1月1日	3年内按实际招用人数予以定额依次扣减营业税、城市维护建设税、教育费附加、地方教育附加和企业所得税	财政部、国家税务总局、民政部，《关于调整完善扶持自主就业退役士兵创业就业有关税收政策的通知》（2014年）

1991—2007 年，企业所得税的税收优惠政策兼顾了"产业优惠"和"区域优惠"。在产业优惠方面，如对高新技术企业以及一些第三产业企业实行税收优惠。在区域优惠方面，如对国家确定的"老、少、边、穷"地区新办的企业、设在西部地区国家鼓励类产业的企业以及东北老工业基地有关企业，实行税收优惠。此外，还从促进就业、改善民生的角度，对安置城镇待业人员、招用下岗失业人员以及民政部门举办的福利生产企业，实行税收优惠。但对外资的所得税优惠政策主要体现为区域导向，没有将有效利用外资与优化产业结构结合起来，导致外资投资区域过于集中，加剧了地区发展不平衡（刘克崮，2007）。

到了"两法"合并时期，企业所得税的税收优惠政策转向了以"产业优惠"为主，规定对原享受低税率优惠政策的企业，在新税法施行后 5 年内逐步过渡到法定税率。在产业优惠方面，如对高新技术企业、集成电路企业等实行税收优惠。此外，还从促进就业、改善民生的角度，对小型微利企业、新招用自主就业退役士兵的商贸企业、服务型企业等，保留了税收优惠。

企业所得税税收优惠政策，从以"区域优惠"为主转向以"产业优惠"为主，有利于消除不同地区之间的政策差异，促进了统一市场的形成，也促进了全面发展。如第 2 章所述，发展包括创新、协调、绿色、开放、共享的发展理念，对高新技术企业、集成电路企业等实行的"产业优惠"，正体现了创新的发展理念；从促进就业、改善民生的角度，对小型微利企业、新招用自主就业退役士兵的商贸企业、服务型企业等实行的税收优惠，也体现了共享的发展理念。

2. 企业所得税规模和结构的变化

至此，我国的企业所得税制度已经实现统一，统一的资本要素市场基本形成。下面通过具体数据，分析我国企业所得税的发展变化，主要包括规模和结构的变化。

图 5 - 1 给出了企业所得税占税收收入及 GDP 的比重。在 1950—1984 年，企业所得税占税收总收入比重较低，在 5% ~ 10%；随着利改税，国营企业利润上缴制度被缴纳企业所得税制度所取代，企业所得税占税收总收入比重在 1985 年有一个显著的上升，如该比例在 1985 年达到 34%、

1986 年为 33%。之后，企业所得税占比呈现逐步下降趋势，如 2000 年，该比例降至 8%。2001 年后，企业所得税占税收总收入的比重有所上升，尤其在 2008 年"两法"合并后，如 2008 年该比例为 21%、2017 年为 22%。企业所得税占 GDP 的比例基本在 5% 以内，2017 年约为 4%。

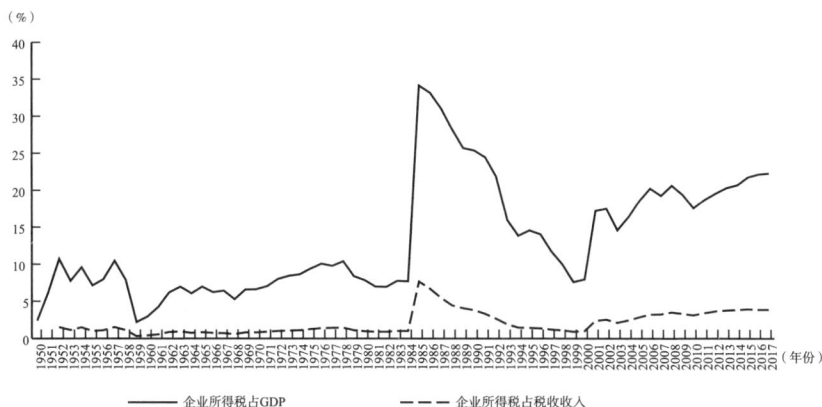

图 5 - 1　企业所得税占税收收入及 GDP 的比重

注：1980—1984 年企业所得税 = 工商所得税 + 中外合资企业所得税 + 外国企业所得税。
资料来源：1950—1984 年企业所得税来自《中国税务年鉴（1993）》；1985—2016 年数据来自中经网数据库；2017 年 GDP 数据来自国家统计局网站：http://www.stats.gov.cn/tjsj/zxfb/201801/t20180119_1575351.html；2017 年企业所得税及税收收入来自中国财政部网站：http://yss.mof.gov.cn/qgczjs/201807/t20180712_2959579.html。

图 5 - 2 给出了我国 2015 年企业所得税分行业收入占企业所得税总额的比重。从行业上来看，我国企业所得税收入主要来自金融业、制造业、房地产业及批发和零售业，占比分别为 30.93%、20.67%、10.35% 和 10.13%。十八大类行业中，除占比前九位的行业外，其余 9 个行业仅贡献了 6.77% 的企业所得税。

图 5 - 3 给出了 1994—2015 年我国企业所得税分企业类型收入比重。可以看出，"内资企业—国有和集体企业"在企业所得税的贡献程度呈逐年下降趋势，由 1994 年的 94.62% 下降至 2015 年的 6.32%。相反，"内资企业—其他"则呈明显上升趋势，由 1994 年的 5.38% 上升至 2015 年的 70%。港澳台投资企业和外商投资企业的企业所得税贡献占比基本保持稳定，2015 年的占比分别为 8.48% 和 15.17%。

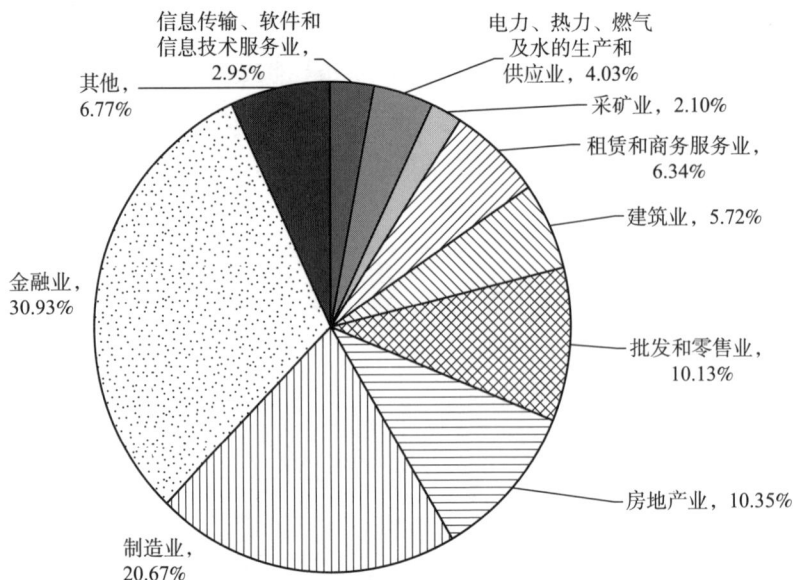

图 5 – 2　我国企业所得税分行业收入比重（2015 年）

资料来源：国家税务总局. 中国税务年鉴 ［M］. 北京：中国税务出版社，2016.

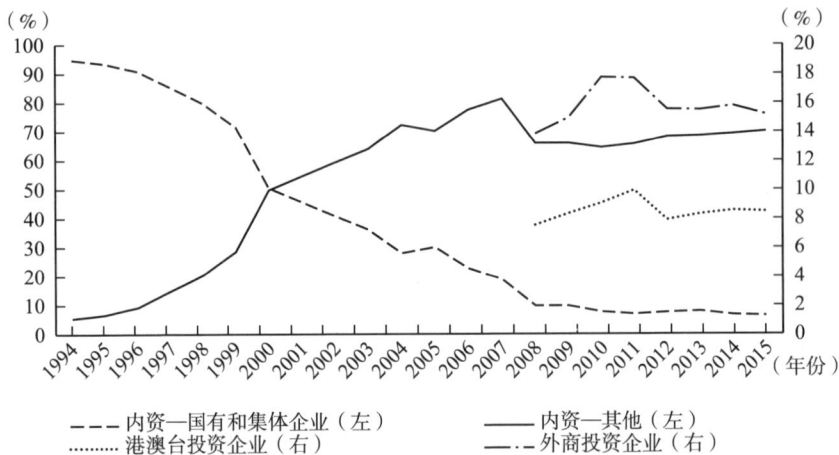

图 5 – 3　历年我国企业所得税分企业类型收入比重

注：由于 1997 年数据缺失，该年数据为前后两年平均数。其中，"内资企业—其他"由股份合作企业、联营企业、股份公司、私营企业和其他企业构成，港澳台投资企业和外商投资企业在 2008 年后才有数据记录。

资料来源：国家税务总局. 中国税务年鉴 ［M］. 北京：中国税务出版社，1995 —2016.

　　图 5 - 4 给出了各省的企业所得税税收负担率。从图 5 - 4 中可以看

出，各省份企业所得税税收负担率不尽相同，北京市作为众多企业总部的所在地，其企业所得税负担率最高，为 145%；其次是上海（44.63%）、西藏（37.62%）、海南（29.34%）和新疆（24.95%）；其余省份税收负担均低于 20%，其中，内蒙古的企业所得税税收负担最低，为 5.21%。

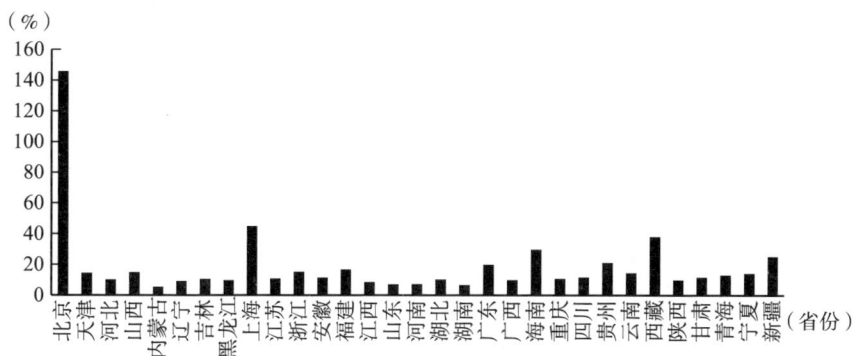

图 5 - 4　2015 年各省份企业所得税税收负担率

注：企业所得税税收负担率 = 各省份企业所得税 ÷ 各省份营业盈余 × 100。

资料来源：企业所得税来源于《中国税务年鉴》（2016）；营业盈余来源于《中国统计年鉴》（2016）。

3. 推动全面发展的落脚点

为了公平税负、促进竞争，我国在 2008 年统一了内资和外资企业所得税制，实施新的企业所得税法。"两法"合并无论在微观上对内资和外资企业，还是宏观上对税收收入和国民经济的增长都产生了重要的影响，推动了全面发展。

第一，对内资企业的影响。

在"两法"合并对内资企业的影响方面，尹利峰、王玉涛和邓奕红（2011）经过对我国 A 股上市公司的研究，发现"两法"合并主要是减轻了内资企业的所得税税收负担，其在一定程度上显著缩小了内资和外资企业之间实际税负差异，实现了内资和外资企业之间同等的国民待遇。李文溥、谢攀和刘榆（2012）指出，"两法"合并不仅直接减轻了内资企业的税负，降低了内资的市场进入成本，而且有利于降低劳动要素对企业所得税的实际负担比例，从而有利于改善劳动要素在国民收入再分配过程中的地位。王进猛和茅宁（2006）指出，如果"两税"统一实行 25% 的所得税率，则内资企业的负债率将下降。

第二，对外资企业的影响。

在对外资企业的影响方面，杨卫华和郑洁燕（2007）测算了"两法"合并对广东省外商投资企业税负的影响，指出外资企业虽然税率有所降低，但税收优惠也减少了，因而剔除税率维持不变的高新技术企业，外资企业的总体税负可能加重。李虹（2007）对外国中小企业进行分析，认为两税合一对附加值较高的生产型企业影响有限，对于附加值较低的生产型外资企业和其他现有实际平均税率低于25%的行业来说税负将加重。王进猛和茅宁（2006）指出，如果"两税"统一实行25%的所得税率，则外资企业负债率将上升。

第三，对税收收入的影响。

在对政府税收收入的影响方面，蔡高锐（2007）从企业成本约束机制的角度出发，指出在两法合并的过程中，由于取消了原先对内资企业工资扣除采用计税工资的规定，改为对工资费用据实扣除，必然导致企业所得税收入的下降。朱彦和易勇（2008）基于对深圳市的调研，指出新企业所得税法的税率提高将促进深圳过渡期财政收入增收，同时新企业所得税法对深圳市特有的区域性税收优惠的取消将使深圳目前减免的企业所得税额在过渡期逐步转化为现实的税收收入，因此贯彻新企业所得税法总体上将提高深圳企业所得税收入的规模及其占财政收入的比重。

第四，对经济增长的影响。

在对经济增长的影响方面，牛泽厚（2007）预测，"两法"合并对经济增长率的影响大概不到0.05个百分点，由此他认为"两法"合并短期内不会对经济增长产生太大的影响，但是长期来看有利于促进经济增长。Lin（2004）指出，对国内资本的税率下降对国内利率、资本—劳动比或产出—劳动比没有影响，但会导致国内资本的增加、外资的减少和贸易顺差的增加；而对国外资本的税率上升，提高了国内利率，降低了资本—劳动比、产出—劳动比和国内资本，也可能减少外资和贸易顺差。程凌、张金水和潘慧峰（2008）提出，两税合一后，我国储蓄结构发生变化，企业储蓄有所减少，居民储蓄则有所增加，且社会储蓄总量也有所减少，这就在递推期内降低了投资，提高了消费，从而有利于促进中国经济增长方式转变。

5.2.2　个人所得税改革

这一时期个人所得税的改革主要包括 2005 年、2007 年和 2011 年三次对个人所得税法的修正，以及相应的 2005 年、2008 年和 2011 年三次对个人所得税法实施条例的修订。自 1994 年税制改革统一了个人所得税制后，内外籍人员工资薪金所得的费用扣除标准就不统一。但随着个人所得税改革，免征额的逐步提高，外籍人员"附加减除费用"的逐步下降，内外籍人员的费用扣除标准的差距，正在逐步缩小。

表 5 - 3 给出了 1980—2011 年个人所得税内外籍费用扣除标准的变化。从表 5 - 3 可以看出，自个人所得税法实施以来，就有针对外籍人员工资、薪金所得的税收优惠：从最初的减半征收，到 1994 年设立的外籍人员"附加减除费用"标准。自 1994 年以来，外籍人员附加减除费用标准随着个人所得税法实施条例的修订，也在不断地调整。如 2008 年，免征额从 1600 元提高到 2000 元，外籍人员的"附加减除费用"由 3200 元下调至 2800 元；2011 年，免征额从 2000 元提高到 3500 元，外籍人员的"附加减除费用"由 2800 元下调至 1300 元。因此内外籍人员费用扣除标准的差距，从 1994 年的 3200 元缩小到 2011 年的 1300 元，有利于劳动力要素市场的统一。

表 5 - 3　个人所得税内外籍费用扣除标准的变化（1980—2011 年）

生效日期	免征额（元）	来　源	外籍人员附加减除费用标准（元）	外籍人员免征额（元）	来　源
1980 年 9 月 10 日	800	全国人民代表大会常务委员会，《中华人民共和国个人所得税法》（1980 年）	外籍人员的工资、薪金所得，依照《中华人民共和国个人所得税法》规定应缴纳的个人所得税额，减半征收		国务院，《关于对来华工作的外籍人员工资、薪金所得减征个人所得税的暂行规定》（1987 年）
1994 年 1 月 28 日	800	全国人民代表大会常务委员会，《中华人民共和国个人所得税法》（1993 年修正）	3200	4000	国务院，《中华人民共和国个人所得税法实施条例》（1994 年）

生效日期	免征额（元）	来　源	外籍人员附加减除费用标准（元）	外籍人员免征额（元）	来　源
2006 年 1 月 1 日	1600	全国人民代表大会常务委员会，《中华人民共和国个人所得税法》(2005 年修正)	3200	4800	国务院，《中华人民共和国个人所得税法实施条例》（2005 年修订)
2008 年 3 月 1 日	2000	全国人民代表大会常务委员会，《中华人民共和国个人所得税法(2007 年第二次修正)》	2800	4800	国务院，《中华人民共和国个人所得税法实施条例》（2008 年修订)
2011 年 9 月 10 日	3500	全国人民代表大会常务委员会，《中华人民共和国个人所得税法(2011 年修正)》	1300	4800	国务院，《中华人民共和国个人所得税法实施条例》（2011 年修订)

5.3　流转税类改革的经济分析

这一时期流转税类的改革主要包括增值税转型的试点和全国推广，解决了对机器设备等固定资产的重复征税问题，促进了产品市场的统一。

5.3.1　迈向统一产品市场的努力

1994 年税制改革，虽然取消了产品税和工商统一税，增值税的征收范围大大扩大，但生产型增值税的选择，对外购的机器设备等固定资产形成了重复征税，不利于统一市场的形成。

如表 5－4 所示，增值税转型，从 2003 年试点开始，经过东北三省、中部 6 省 26 个老工业基地城市、内蒙古东部地区 5 个盟市和汶川地震受灾严重地区这四批试点地区，到 2009 年在全国范围内实行。增值税转型平衡了机器设备等固定资产和其他产品的税负，有利于产品市场的统一。

表 5－4　　　　　　　　　增值税转型过程

增值税转型地区	实施日期	实施地区/行业	来　源
东北地区	2003 年 10 月 5 日	东北地区等老工业基地：装备制造业等 8 个行业	中共中央、国务院，《关于实施东北地区等老工业基地振兴战略的若干意见》（2003 年）
东北三省	2004 年 7 月 1 日	黑龙江省、吉林省、辽宁省和大连市：装备制造业等 6 个行业	财政部、国家税务总局，《东北地区扩大增值税抵扣范围若干问题的规定》的通知（2004 年）
中部地区	2007 年 7 月 1 日	中部 6 省 26 个老工业基地城市：装备制造业等 8 个行业	财政部、国家税务总局，关于印发《中部地区扩大增值税抵扣范围暂行办法》的通知（2007 年）
内蒙古东部地区	2008 年 7 月 1 日	内蒙古东部地区 5 个盟市：装备制造业等 8 个行业	财政部、国家税务总局，关于印发《内蒙古东部地区扩大增值税抵扣范围暂行办法》的通知（2008 年）
汶川地震受灾严重地区	2008 年 7 月 1 日	四川、甘肃和陕西三省被确定为极重灾区和重灾区的 51 个县（市、区）	财政部、国家税务总局，关于印发《汶川地震受灾严重地区扩大增值税抵扣范围暂行办法》的通知（2008 年）
全国	2009 年 1 月 1 日	全国范围	财政部、国家税务总局，《关于全国实施增值税转型改革若干问题的通知》（2008 年）

5.3.2　推动全面发展的落脚点

我国从 2003 年开始进行增值税转型，由生产型增值税转变为消费型增值税，转型地区从东北老工业基地开始，逐渐推广到全国，由此对我国经济的各方面产生了深刻的影响，促进了全面发展。

1. 减税效应

增值税转型，消费型增值税的增值额中准许一次全部抵扣当期购进的用于生产应税产品的固定资产价款。由于可抵扣范围的扩大，产生了相应的减税效应（岳树民，2007；韩存，2007；等等）。

2. 投资效应

增值税转型对于固定资产的投资也产生了相应的影响，下面分别从投资规模和投资效率两个角度进行总结。

首先，增值税转型对投资规模的影响。部分学者认为，增值税转型促进了投资规模的增加：岳树民（2007）认为，增值税转型会鼓励企业扩大投资，有利于企业固定资产的升级换代。许伟、陈斌开（2016）利用固定效应模型加工具变量的方法，分析了 2004 —2009 年增值税转型对企业投资行为的影响，研究结果显示增值税有效税率（实际缴纳税费/销售收入）降低 1 个百分点，企业投资约增加 16%。按此计算，2004 —2009 年渐次推进的增值税改革效果非常明显，对所覆盖的装备、石化、农产品加工、采掘、电力等行业而言，从生产型增值税转向消费型增值税，给定其他条件不变，企业投资大约增加了 8%。万华林、朱凯和陈信元（2012）认为，我国增值税转型后，消费型增值税允许固定资产进项税额抵扣，这使得公司投资的当期经营现金流量增加，即投资补贴正面效应；由于抵扣固定资产的原值下降，减少了折旧的基数，增加了未来企业所得税净利润基数，也就是未来经营期间所得税支出将增加，进而减少了未来的经营现金流量，即所得税负面效应。所以，只有当投资补贴正面效应大于所得税负面效应时，固定资产投资规模越大，公司价值越高，即投资的价值相关性越高。研究结论显示，我国在增值税转型的同时，企业所得税税率下降有利于刺激公司投资，增加公司的价值。倪婷婷、王跃堂（2016a）认为，增值税转型使得企业内部资金增多，缓解了企业融资约束，从而刺激了企业固定资产投资，而由于企业集团内部资本市场更能放松成员企业融资约束，因此集团公司的投资规模显著高于独立公司；另外，由于企业集团的两权即控制权和管理权分离程度大，大股东为增强对公司的控制权，更倾向于增加固定资产的投资，所以增值税转型后集团公司过度投资增强，且显著高于独立公司。

也有学者认为，增值税转型不一定会促进投资规模的增加，如毛捷、赵静和黄春元（2014）认为，增值税全面转型改革能否促进企业增加固定资产投资，与行业景气度有关。他们通过使用当年电力消费量的平均值来反映行业景气程度，发现石油化工业和电力业企业发展景气，而汽车制造行业和采掘业企业发展不景气。行业越景气，企业增加固定资产投资的积极性越高，以扩大产能和增强中长期竞争力；反之，则会减缓固定资产投资。因此增值税全面转型促进了石油化工业、电力业和装备制造业等行业的企业投资增长，但对汽车制造业和采掘业企业的投资却产生了一定的负面影响。

其次，增值税转型对投资效率也会产生影响。倪婷婷、王跃堂（2016b）探讨了增值税转型对企业投资价值相关性（即企业投资效率）的影响，结果显示，对于融资约束较高的独立公司而言，增值税转型后，其融资约束能得到缓解，可以减少投资不足的情况，所以其投资效率将会提高；而企业集团由于受资本市场运作的影响，控股股东会采用固定资产扩张来形成控股性资源来掌握控制权，使公司过度投资，投资效率下降。

3. 就业效应

劳动力与固定资产在企业的投资中互为替代，因此增值税转型也必将对企业的雇佣劳动力行为产生影响。刘璟、袁诚（2012）认为，东北地区在增值税转型试点后，在重工业企业的劳动力不降反增，主要是由于税改后，企业的购入固定资产成本下降，税改的收入效应大于替代效应，企业同时增加了固定资产和劳动力的使用，而没有完全用固定资产替代劳动力，促进了就业。

但是也有学者认为增值税转型对就业产生了负面影响，如陈烨、张欣、寇恩惠和刘明（2010）认为，增值税转型会扭曲资本与劳动相对价格，产生资本对劳动的替代效应，对就业造成负面影响。

部分学者认为增值税转型对就业影响的大小，要看行业的特性。如毛捷、赵静和黄春元（2014）认为，增值税全面转型改革是否导致企业吸纳就业的变化，与行业的市场化程度有关。相比其他企业，国有企业不仅要考虑经济利益，还要兼顾社会效益，因此不会因为固定资产相对便宜而大量减少对劳动力的需求；而非国有企业则更多地考虑经济利益，如果固定资产变得相对便宜了，就会提高资本—劳动比率，对劳动力的需求随之降低。也就是说，增值税全面转型对市场化程度较高的行业的就业增长有一定的负面影响。因为电力行业和汽车制造行业的国有企业较多，而农产品加工和石油化工行业的国有企业较少，所以增值税转型促进了电力业和汽车制造业企业的就业增长，但对农产品加工业和石油化工业企业的吸纳就业产生了抑制作用。

4. 生产效率效应

增值税转型也会影响企业的生产效率。如聂辉华、方明月和李涛（2009）认为，由于固定资产可抵扣，企业选择用更多资本替代劳动，即企业资本化水平提高，从而导致生产效率（劳动的边际生产力和资本的边际生产力）提高。但企业效率的提高主要是通过用资本替代劳动的方式，而不是通过自主技术创新的方式。从长期来看，随着资本的规模效应递减，生产效率也会下降。

蒋为（2016）认为，由于现实中不同企业面临不同的有效增值税税率（企业当年应缴增值税税额与企业增加值的比率），这就导致行业内企业间的资源配置不仅取决于企业的生产率水平，而且取决于企业所面临的有效增值税税率，税率低的企业倾向于扩大市场规模、占据更大的市场份额。这就导致资源由高税率的企业向低税率企业流动，但低税率企业又不一定是高生产率企业。这种有效税率的差异，使生产资源在企业间产生误配置，行业生产率水平降低。研究显示，2004年东北地区实行的增值税转型改革促使了有效增值税税率差异的下降，从而提升了资源配置效率。

申广军、陈斌开和杨汝岱（2016）认为，增值税转型惠及所有行业，促进了减税，不仅提升了短期总需求，而且在长期也改善了我国的供给效率。他们提出了以下三种传导途径：第一，企业增加的固定资产投资，尤其是机器设备内化了先进的生产技术，因而提高了其产出效率；第二，税率降低及其引发的固定资产投资增长，使企业现金流量和可抵押资产都增多了，因而更易于获得外部融资，从而调整要素投入，使要素组合更接近最优状态，使增加的资本和劳动投入是有效的；第三，减税使得企业提高盈利预期，从而提高了资本使用率。

5.4 约束条件的逻辑

本节从约束条件的角度，分析推动或制约这一时期税制改革完成的因素。

第一，财政汲取能力。进入新世纪后，中国税收收入进入了一个高速增长时期，2003—2012 年税收收入的年均增长率达到 19%，即使在全球金融危机时期的 2009 年，税收的增长率也达到 9.8%。因此，财政汲取能力不再是制约这一时期税制改革的因素。相对应地，具有减税效应的税收改革措施：如统一和降低企业所得税税率，中国居民企业皆按 25% 的所得税税率缴纳企业所得税；2005 年、2007 年和 2011 年三次上调个人所得税免征额；以及增值税由生产型转向消费型，等等，才得以实行。吕冰洋，郭庆旺（2011）从三个角度剖析了中国税收高速增长的源泉：首先，税收分权的变动（即分税制改革）提高了税务部门征税能力和税收努力；其次，间接税的税制设计放大了纳税能力，如增值税与营业税、营业税税目之间存在重复征税：随着我国专业化分工的发展、工业化进程的加快、资本的不断积累、房地产市场的繁荣，间接税的税制设计导致税收增幅高于GDP 增幅；再次，税收增长红利对税收高速增长影响巨大，具体包括人口红利、技术模仿红利、工业化和城市化红利，这促使了企业所得税、增值税和营业税三大主体税种的收入高速增长。

第二，中央和地方两个积极性。虽然增值税与营业税、营业税税目之间存在重复征税，不利于企业的专业化分工和技术创新，但营业税作为地方政府的主体税种，在此次流转税改革中仍然被保留下来。2008 年，对1993 年发布的营业税暂行条例进行了修订，仍然保留了营业税的 9 个税目。[①] 营业税具有征收范围广、税源普遍、收入稳定的特点，是地方政府税收收入的主要来源之一，因此取消营业税会影响地方政府的积极性，这是制约营业税改革的因素之一。

第三，税收征管能力。税收征管能力在这一期间也在不断提高，主要体现在税收征管模式和信息化征管手段两个方面。

在税收征管模式方面，实现税收征管的科学化、精细化。2003 年后的完善税制改革时期，针对税收征管工作中的"疏于管理，淡化责任"问题，国家税务总局在 2003 年对原先的"30 字"征管模式进行完善，加上了"强化管理"4 个字。在这一征管模式下，具体采取了以下措施：①整

---

① 国务院中华人民共和国营业税暂行条例（2008 修订）［Z］. 2008 - 11 - 10.

合信息资源，如加强了税务机关与工商行政管理机关的协作配合、信息共享，从而达到强化税源监控、减少漏征漏管户的目标；落实纳税人信息"一户式"管理、"一站式"服务、"一窗式"管理；②在机构保障方面，规范机构设置，明确职责分工；③为提高征管效率，还明确了纳税评估管理；实行了税收管理员制度。

表5-5显示了2003—2012年我国税收征管模式的演变。

表5-5   2003—2012年税收征管模式

实施日期	征管改革的目标和内容	来源
2003年7月2日	强化税源监控，减少漏征漏管户：加强税务机关与工商行政管理机关的协作配合、信息共享	国家税务总局、国家工商行政管理总局，《关于工商登记信息和税务登记信息交换与共享问题的通知》（2003年）
2003年10月22日	"强化管理"，在原有的"30字"征管模式基础上形成"以申报纳税和优化服务为基础，以计算机网络为依托，集中征收，重点稽查，强化管理"的征管模式	国家税务总局，《关于进一步加强税收征管基础工作若干问题的意见》（2003年）
2004年8月24日	整合信息资源，实行纳税人信息"一户式"管理、"一站式"服务、"一窗式"管理	国家税务总局，《关于进一步加强税收征管工作的若干意见》（2004年）
2004年9月3日	规范机构设置，明确职责分工	国家税务总局，关于印发《关于进一步规范国家税务局系统机构设置明确职责分工的意见》的通知（2004年）
2005年3月11日	明确纳税评估管理，提高税收征管的质量和效率	国家税务总局，关于印发《纳税评估管理办法（试行）》的通知（2005年）
2005年3月11日	实行税收管理员制度，切实解决"淡化责任，疏于管理"问题	国家税务总局，关于印发《税收管理员制度（试行）》的通知（2005年）

在信息化征管手段方面，金税工程的持续实施为增值税转型提供了技术支持。金税工程一期的交叉稽核系统仍然依赖于人工手动录入原始数据

进行比对，操作过程中难免出现错误（钱冠林、王力，2009）。表 5—6
给出了金税工程二期的实施情况：2001 年金税工程二期实行；2003 年，
增值税一般纳税人必须通过防伪税控系统开具专用发票，同时全国统一
废止增值税一般纳税人所用的手工版专用发票。金税工程二期的实施，
强化了增值税的征收管理，为增值税从生产型转向消费型提供了技术
支持。

表 5—6　　　　　　　　　　　金税工程二期实施过程

组成部分	内　容	时　间	来　源
四个子系统： 防伪税控开票系统； 防伪税控认证系统； 增值税专用发票交叉稽核系统； 增值税专用发票协查系统	在辽宁、江苏、浙江、山东、广东和北京、上海、天津、重庆"五省四市"开通运行	2001 年 1 月 1 日	国家税务总局，《关于明确金税工程运行环境等有关问题的通知》（2000 年）
	在其他 22 省区开通运行	2001 年 7 月 1 日	
	全国范围内全部增值税一般纳税人必须通过防伪税控系统开具专用发票	2003 年 7 月 1 日	国家税务总局，《关于进一步明确推行防伪税控系统和金税工程二期完善与拓展有关工作的通知》（2003 年）

　　第四，宏观经济环境。增值税在 2003 年于东北老工业基地开展试点，
于 2009 年在全国范围内推行，与当时的宏观经济环境和目标相适应。图
5—5 给出了 20 世纪 80 年代以来东北三省和全国的固定资产投资总额增长
率。在 2002 年之前，东北三省和全国的固定资产投资增长率基本一致。
2002 年东北三省的固定资产投资增长率比全国低 4 个百分点，2003 年比
全国低 7 个百分点。在此宏观环境下，结合振兴东北老工业基地的战略目
标，在东北老工业基地开展增值税转型的试点，无疑将刺激东北地区固定
资产投资的增长，这与当时的宏观经济环境和目标是相适应的。试点工作
的效果立竿见影，2004 年东北三省的固定资产投资增长率反超全国 6 个百
分点，2005 年反超 11 个百分点，2006 年反超 13 个百分点。

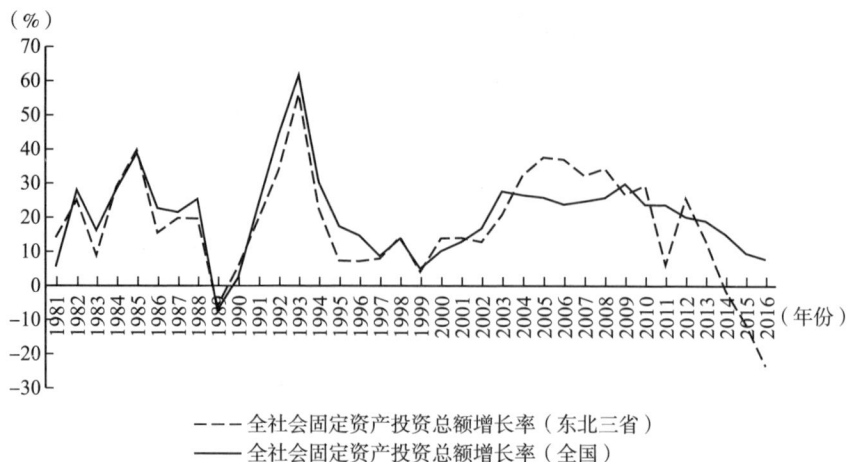

图 5-5　东北三省及全国全社会固定资产投资总额增长情况

资料来源：中经网统计数据库。

　　2008 年金融危机导致经济下行压力。在此背景下，流转税类和所得税类都采取了相应的减税措施，以达到恢复和刺激经济的目标。在流转税方面，我国于 2009 年 1 月 1 日起，在全国范围内推行增值税转型，全国实行消费型增值税，准许抵扣对外购的机器设备等固定资产的进项税额。在个人所得税方面，2007 年第二次修正个人所得税法，将免征额从 1600 元提高到 2000 元，降低了个人所得税的税收负担。在企业所得税方面，内资和外资企业所得税法合并的同时下调了企业所得税税率，中国居民企业皆按 25% 的所得税税率缴纳企业所得税，降低了企业所得税的税收负担。上述税制改革措施，借助宏观经济下行的契机，既达到了有效刺激经济的宏观经济目标，又使税收制度向着统一市场的总方向迈出了一大步。

　　可见，在上述 4 个约束条件中，财政汲取能力和税收征管能力的提高，推动了这一时期税制改革方案的完成；宏观经济环境为具体税制改革方案的实施提供了契机；而中央和地方两个积极性成为制约进一步税制改革的主要约束条件。

5.5　小　　结

　　2002 年，中共十六大报告指出，要"健全统一、开放、竞争、有序的现代市场体系""促进商品和生产要素在全国市场自由流动"。2003 年，中共十六届三中全会指出，要按照"简税制、宽税基、低税率、严征管"的原则，分步实施税收制度改革。在这一原则的指导下，2003—2013 年相继开展了一系列税收制度改革，如"两法"合并、个人所得税改革、增值税转型等。

所得税类的改革，如内外资企业所得税的统一，使统一的资本要素市场基本建立；2005 年、2008 年和 2011 年个人所得税法实施条例的修订，缩小了内外籍人员工资薪金费用扣除标准的差距，促进了劳动力要素市场的统一。流转税类的改革，如增值税由生产型转向消费型，促进了产品市场的统一。宏观经济环境为上述税制改革措施的实施提供了契机；财政汲取能力以及税收征管能力的提高，推动了上述税改方案的完成；而中央和地方两个积极性这个约束条件，成为制约进一步税制改革的主要约束条件。

/第 6 章/

新时代税制改革的攻坚战
（2013 年至今）

6.1 税制改革背景

2003—2012 年的税制改革，进一步适应了完善社会主义市场经济体制的要求，"两法"合并使得统一的资本要素市场建立。但与社会主义市场经济要求的、促进统一市场形成的税收制度还有一定差距：如增值税和营业税并存，使增值税与营业税之间、营业税税目之间还存在重复征税，不利于企业的专业化分工和技术创新；综合和分类相结合的个人所得税制度还未建立，不同来源的劳动所得税负不统一。

2013 年 11 月，中共十八届三中全会《关于全面深化改革若干重大问题的决定》提出，要按照"统一税制、公平税负、促进公平竞争"的原则，深化税收制度改革。2014 年 6 月，中共中央政治局审议通过了《深化财税体制改革总体方案》，进一步提出要建立有利于科学发展、社会公平、市场统一的税收制度体系。这为税收制度最终迈向统一市场奠定了基础。

在这一原则的指导下，2013 年以后相继开展了一系列税收制度改革，如增值税改革（包括营业税改征增值税的试点及全国推行、增值税简并和下调税率），个人所得税由分类所得税制向综合和分类相合的所得税制转变，等等。

6.2　增值税改革的经济分析

这一时期的增值税改革，包括营业税改征增值税的试点和全国推行、增值税简并和下调税率，使统一的产品市场基本形成。

6.2.1　迈向统一产品市场的努力

增值税作为世界上广泛使用的税种，起源于 20 世纪 50 年代的法国，已被包括欧盟所有成员国在内的 160 多个国家采用。各国增值税税率差异较大。表 6－1 给出了部分国家的增值税标准税率，范围从 27%（如匈牙利）、25%（如丹麦、瑞典和挪威）到 5%（如加拿大）不等。中国增值税的标准税率为 17%，处于中间水平。[①]

表 6－1　　　　　　　　**世界主要国家增值税税率表**　　　　单位：%

国　家	标准税率	国　家	标准税率
阿富汗	10	爱尔兰	23
澳大利亚	10	以色列	17
奥地利	20	意大利	22
比利时	21	日　本	8
巴　西	17	韩　国	10
加拿大	5	拉脱维亚	21
智　利	19	卢森堡	17
中　国	17	马来西亚	6
克罗地亚	25	墨西哥	16
捷　克	21	荷　兰	21
丹　麦	25	新西兰	15
埃　及	13	挪　威	25
爱沙尼亚	20	波　兰	23
芬　兰	24	葡萄牙	23
法　国	20	斯洛伐克共和国	20

---

① 2018 年 5 月 1 日起，增值税标准税率由 17% 下调至 16%。

国　　家	标准税率	国　　家	标准税率
德　国	19	斯洛文尼亚	22
希　腊	23	西班牙	21
匈牙利	27	瑞　典	25
冰　岛	24	瑞　士	8
印　度	15	土耳其	18
印度尼西亚	10	英　国	20

资料来源：OECD 国家数据来自 OECD 数据库；其他国家数据来自 Avalara VATlive 数据库；下载日期：2017 年 3 月 21 日。

我国增值税改革经历了以下主要阶段：

（1）1979—1983 年增值税试点阶段，在这期间我国在个别地区、个别行业开始试行增值税；

（2）1984—1993 年增值税正式建立和试行范围扩大阶段，在这期间我国增值税的征收范围逐渐扩大；

（3）1994 年，《中华人民共和国增值税暂行条例》颁布，我国形成了以增值税为核心的流转税体系；[①]

（4）2003—2009 年增值税转型试点及全国推行，实现了生产型增值税向消费型增值税的转变；

（5）2012—2016 年营业税改征增值税试点及全国推行；

（6）2017 年以后的简并增值税税率阶段。

在增值税和营业税并存的局面下，对货物主要征收增值税，对服务业主要征收营业税，重复征税的问题在增值税和营业税之间、营业税各个税目之间都广泛存在，[②] 不利于企业的专业化分工和技术进步，也不利于产品市场的统一。表 6 - 2 给出了 2012—2018 年增值税的改革历程，其中，

[①]　增值税占税收收入的比例从 1993 年的 19% 上升至 1994 年的 43%。

[②]　建筑业和销售不动产业属于两个不同税目，这样会对建筑收入存在双重征税问题。比如，房地产商建设一个价值 1 亿元的住宅小区对外销售，房地产公司需缴纳销售不动产营业税 500 万元（税率 5%）；同时，假定房地产公司需付给建筑公司建设支出 8000 万元，那么建筑公司又需缴纳建筑业营业税 240 万元（税率 3%）；即对建筑收入 8000 万元存在重复征税（吕冰洋、郭庆旺，2011）。

2012—2016 年为营业税改征增值税（"营改增"）阶段，试点地区由上海开始，逐步扩展到北京等 8 个省市，再到全国；试点行业由交通运输业和部分服务业开始，逐步扩展到广播影视、铁路运输和邮政业等行业，再覆盖到原来征收营业税的所有行业。

表 6 – 3 给出了 2012—2015 年各行业增值税收入占增值税总收入比重的变化趋势。随着"营改增"的试点以及范围的逐步扩大，传统行业（如制造业、批发和零售业、采矿业等）的增值税收入虽然仍居于前列，但其占增值税收入的比例却在逐渐减少，如采矿业增值税的占比由 2012 年的 13.26% 下降到 2015 年的 5.55%；与此同时，由缴纳营业税改征增值税的行业，例如交通业、现代服务业占比正在逐年提高，交通业由 2012 年的 0.18% 增加到 2015 年的 3.61%，现代服务业由 2012 年的 0.94% 增加到 2014 年的 5.77%。相应地，表 6 – 4 给出了 2012—2015 年各行业营业税占总营业税收入比重的变化趋势。随着交通运输业等纳入"营改增"试点行业，其比重逐年下降：交通运输、邮电通信、娱乐、文化体育等行业的营业税占比在 2015 年均下降到 1% 以下。2015 年营业税收入主要来自建筑业、金融保险和销售不动产等行业。2016 年 5 月 1 日，"营改增"在全国实行，彻底取消营业税，实现了增值税的全覆盖，因而从根本上解决了货物和服务税制不统一和重复征税的问题，促进了产品市场的统一。

表 6 – 5 给出了各行业在"营改增"前后的税率对比情况。从不增加企业流转税税负的角度出发，增值税在现行 17% 标准税率和 13% 低税率基础上，新增 11% 和 6% 两档低税率，适用于大部分营业税改征增值税的行业。因此，"营改增"后的增值税税率有 17%、13%、11% 和 6% 四档，多档税率的存在不利于统一产品市场的形成。

2017 年以后，增值税改革进入了简并税率阶段。如 2017 年 7 月 1 日，简并增值税税率档次（由四档变为三档），取消 13% 的增值税税率；2018 年 5 月 1 日，又降低了增值税的两档税率，缩小了增值税三档税率之间的差距。陈晓光（2003）认为，增值税税率档次减少，在降低纳税人税收负担的同时，也有利于减少效率损失。税率档次的简并，促进了产品市场的统一。

表 6-2 增值税的改革历程（2012—2018 年）

时　期	生效日期—失效日期	行　业	城　市	来　源
营改增阶段（2012—2016年）	2012年1月1日	规定了相关行业的税率，拉开了营改增的序幕		财政部、国家税务总局，《关于印发营业税改征增值税试点方案》的通知 (2011 年)
	2012年1月1日—2013年8月1日	交通运输业和部分服务业*	上海市	财政部、国家税务总局，《关于在上海市开展交通运输业和部分现代服务业营业税改征增值税试点的通知》(2011 年)
	2012年9月1日—2013年8月1日	交通运输业和部分服务业	北京市	《关于在北京等 8 省市开展交通运输业和部分现代服务业营业税改征增值税试点的通知》(2012 年)
	2012年10月1日—2013年8月1日	交通运输业和部分服务业	江苏省、安徽省	
	2012年11月1日—2013年8月1日	交通运输业和部分服务业	福建省、广东省	
	2012年12月1日—2013年8月1日	交通运输业和部分服务业	天津市、浙江省、湖北省	《开展交通运输业和部分现代服务业营业税改征增值税收政策的通知》(2013 年)
	2013年8月1日—2016年5月1日	交通运输业和部分服务业	全国	《开展交通运输业和部分现代服务业营业税改征增值税政策的通知》(2013 年)
	2013年8月1日—2016年5月1日	新增广播影视作品的制作、播映、发行等	全国	
	2014年1月1日—2016年5月1日	新增铁路运输和邮政业	全国	财政部、国家税务总局，《关于将铁路运输和邮政业改征增值税试点的通知》(2013 修改)
	2014年6月1日—2016年5月1日	新增电信业	全国	财政部、国家税务总局，《关于将电信业纳入营业税改征增值税试点的通知》(2014 年)
	2016年5月1日至今	建筑业、房地产业、金融业、生活服务业等全部纳入增值税	全国	财政部、国家税务总局，《关于全面推开营业税改征增值税试点的通知》(2016 年)

续表

时　期	生效日期—失效日期	行　业	城　市	来　源
简并税率阶段（2017—）	2017 年 7 月 1 日	简并增值税税率结构，取消 13% 的增值税税率，农产品等改征 11%		财政部、国家税务总局，《关于简并增值税税率有关政策的通知》（2017 年）
	2018 年 5 月 1 日	原适用 17% 和 11% 税率的，税率分别调整为 16% 和 10%		财政部、税务总局，《关于调整增值税税率的通知》（2018 年）
	2018 年 5 月 1 日	增值税小规模纳税人标准为年应征增值税销售额 500 万元及以下		财政部、税务总局，《关于统一增值税小规模纳税人标准的通知》（2018 年）

注：＊部分服务业包括研发和技术服务、信息技术服务、文化创意服务、物流辅助服务、有形动产租赁服务和鉴证咨询服务 6 类。

表 6 – 3　　　　　　　各行业增值税收入占增值税收入比重　　　　　单位：%

行　业	来自该行业增值税收入/增值税收入			
	2012 年	2013 年	2014 年	2015 年
制造业	54.79	52.99	52.27	54.21
批发和零售业	21.18	20.89	19.66	20.22
电力、热力、燃气及水的生产和供应业	7.72	8.05	7.87	8.13
采矿业	13.26	10.77	8.71	5.55
交通运输、仓储和邮政业	0.18	1.40	2.77	3.61
信息传输、软件和信息技术服务业			0.83	0.03
租赁和商务服务业				2.44
现代服务业	0.94	3.93	5.77	
科学研究和技术服务业				1.58
居民服务、修理和其他服务业				0.46
文化、体育和娱乐业				0.35
金融业				0.21
公共管理、社会保障和社会组织				0.07
房地产业				0.04
住宿和餐饮业				2.61
教育				0.02
卫生和社会工作				0.0046
其他行业	1.94	1.97	2.12	0.46

资料来源：《中国税务年鉴》（2013—2016）。

表 6 – 4　　　　　　　各行业营业税占总营业税收入比重　　　　　单位：%

行　业	来自该行业营业税收入/营业税收入			
	2012 年	2013 年	2014 年	2015 年
建筑业	25.22	26.64	28.93	28.02
交通运输业	5.73	3.11	0.16	0.03
邮电通信业	2.28	2.31	1.17	0.01
金融保险业	18.16	18.36	21.54	23.62
娱乐业	0.24	0.20	0.16	0.12

续表

行　业	来自该行业营业税收入/营业税收入			
	2012 年	2013 年	2014 年	2015 年
服务业	22.51	17.90	16.33	16.23
转让无形资产	0.90	0.92	0.96	0.96
销售不动产	24.22	29.78	29.87	29.91
文化体育业	0.49	0.49	0.41	0.39
税款滞纳金罚款收入	0.26	0.30	0.46	0.71

资料来源：《中国税务年鉴》（2013—2016）。

表 6-5　　　　　　　　　营业税与增值税税率比较　　　　　　　　单位：%

税　目	营业税	增值税
一、交通运输业	3	11
二、建筑业	3	11
三、金融保险业	5	6
四、邮电通信业	3	6/11
五、文化体育业	3	6
六、娱乐业	5~20	6
七、服务业	5	6/11/17
八、转让无形资产	5	6/11
九、销售不动产	5	11

资料来源：国务院. 中华人民共和国营业税暂行条例（2008 修订）（国务院令第 540 号）［Z］. 2008-11-10；财政部，国家税务总局. 财政部、国家税务总局关于全面推开营业税改征增值税试点的通知（财税〔2016〕36 号）［Z］. 2016-3-23.

　　下面从规模和结构两个方面，介绍增值税的历史变化趋势和现状。

　　图 6-1 显示了我国近年来国内增值税和营业税占税收收入及国内生产总值的比重。20 世纪 80 年代，增值税收入一直低于营业税收入。随着增值税试行范围的扩大，增值税占比逐渐上升，营业税占比相应下降。在"营改增"全面推行后，营业税占比在 2016 年出现陡降，占比从 2015 年的 15% 下降至 2016 年的 8.8%，2017 年为零。

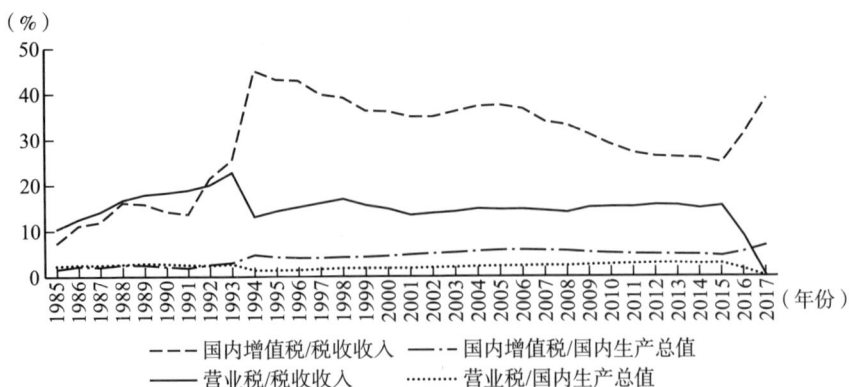

（%）

图6-1 增值税、营业税占税收收入及 GDP 的比重

资料来源：中经网统计数据库。

图6-2 给出了增值税分项目收入占比。增值税收入由三部分计算而得，即国内增值税，加上进口货物增值税，减去出口货物退增值税。自2000 年以来，进口货物增值税基本都高于出口货物退增值税，但最近几年这两者之间的差距正逐步缩小。因此，增值税收入与国内增值税收入非常接近。

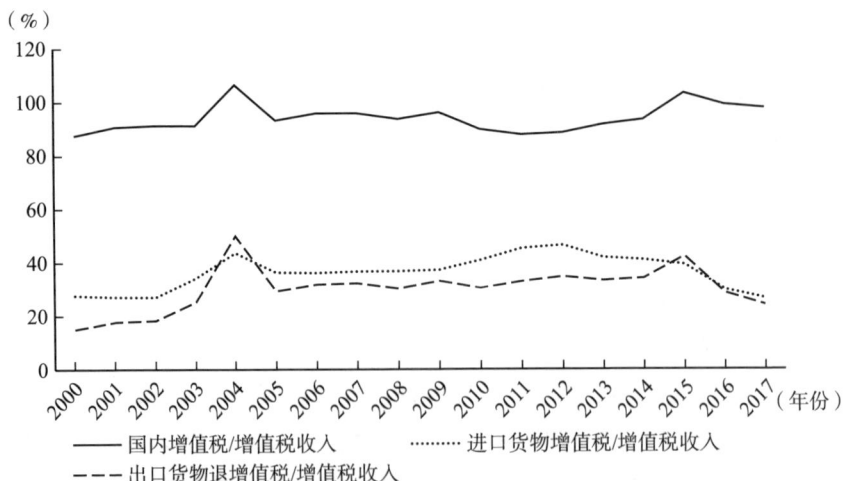

（%）

图6-2 国内增值税、进口货物增值税及出口退税增值税占增值税收入的比重

注：增值税收入 = 国内增值税 + 进口货物增值税 - 出口退增值税。

资料来源：2000—2016 年数据来自《中国税务年鉴》（2001—2017）；2017 年数据来自 http://yss. mof. gov. cn/qgczjs/201807/t20180712_2959579. html。

6.2.2　推动全面发展的落脚点

"营改增"适应了迈向统一市场的税收制度改革方向，也推动了经济社会的全面发展，具体来说，"营改增"产生了减税效应、专业化分工效应、纳税遵从效应和收入分配效应。

1. 减税效应

2012 年我国"营改增"拉开序幕，对经济的各个方面都产生了影响，其中最直接的就是实行"营改增"的各个行业及其上下游产业的税负发生变化。洪诗晨（2015）认为，"营改增"对纳税人税负的最终影响取决于"税率变动的增/减效应"与"进项抵扣的减税效应"两者叠加的净效应。王玉兰、李雅坤（2014）认为，在企业没有发生新购置固定资产的情况下，"营改增"后交通运输业增值税一般纳税人税负增加，盈利水平下降。

同时，"营改增"不仅能改变自身行业的税负，而且对其上下游产业的税负也会产生影响。刘怡、耿纯（2015）认为，金融业实行"营改增"可能给制造业企业带来减税效应，经研究发现西部地区、出口企业、资本密集型行业、国有企业可能从金融业"营改增"的改革中受益较多。尹音频、魏彧和敏洁（2017）研究了保险业"营改增"的产业波及效应，指出"营改增"将使得与保险业供求关系密切的 22 个下游行业的税负有不同程度的下降，"营改增"具有促进保险业以及相关产业发展的正向效应。

童锦治、苏国灿和魏志华（2015）认为，"营改增"对企业税负的影响不仅与税收政策本身有关，而且还与企业自身的议价能力有关。当企业自身的议价能力较强时，就有可能通过提高价格或压低成本将税收转嫁给下游或上游企业。因此，企业的议价能力将导致"营改增"的政策效应在企业之间重新分配。

2. 专业化分工效应

梁若冰、叶一帆（2016）认为，"营改增"促进了企业间的贸易交流，使"营改增"试点地区的试点企业与上下游企业之间的贸易额比非试点地区有了显著的增长。陈钊、王旸（2016）认为，"营改增"后企业的经营范围发生了变化，他们发现部分制造业企业由原来自给自足提供生产性服务变为对外经营该业务，其营业收入也相应增加；部分服务业企业的营业收入在改革后明显上升，说明这些企业获得了来自制造业企业更多的业务外包，这也体现了由于增值税抵扣链条的完善，企业仅需要缴纳增值部分的税款，因此企业不再进行一揽子的生产，而是进行专业化的生产。范子英、彭飞（2017）指出，"营改增"后，服务业企业可以将中间投入在纳税时扣除，因此有效地推动了跨地区的分工与协作。

3. 纳税遵从效应

专业化分工，增强了上下游企业的抵扣联系，也对企业的纳税遵从产生了影响。毛德凤、刘华（2017）认为，"营改增"显著提高了企业的纳税遵从程度，并且在试点越早的地区和行业内，企业纳税遵从提高得就更加显著。解释了"营改增"后我国税收收入能够不减反增的微观原因，同时也说明从税制根源上解决服务业的重复征税问题，有利于降低企业交易成本，提升企业的纳税遵从。

4. 收入分配效应

杨玉萍、郭小东（2017）指出，"营改增"后城镇各收入组的间接税平均税负都降低了，虽然间接税仍然是累退的，但低收入家庭的税负下降幅度大于高收入家庭，收入再分配得到了改善。从再分配指标的分解来看，平均税率的下降是间接税再分配改善的主要原因。倪红福、龚六堂和王茜萌（2016）认为，在维持现行征管能力条件下，"营改增"后的税收制度略微改善了收入分配的状况。但是，一旦税收征管能力大幅提升，由于增值税的累退性较强，将进一步加剧居民税收负担，恶化收入分配。

6.3　个人所得税改革的经济分析

这一时期的个人所得税改革，包括分类所得税制向综合和分类相结合的所得税制转变等，这使统一的要素市场基本形成。

6.3.1　迈向统一要素市场的努力

自 1994 年税制改革统一了个人所得税制后，一直实行的是分类所得税制，如个人所得税共分 11 个税目，税率各不相同，有累进税率的，也有比例税率的。以 2015 年为例，在个人所得税中，工资、薪金所得占比最高，达到 65%；紧随其后的是财产转让所得，利息、股息、红利所得，个体工商户生产、经营所得和劳务报酬所得，占比分别为 11%、10%、5% 和 4%。这种分类所得税制，对不同来源的劳动所得，课以不同的税率，不利于公平税负，也不利于统一市场的形成。

2018 年，中华人民共和国主席令（第九号）公布，按照"逐步建立综合与分类相结合的个人所得税制"的要求，结合当前征管能力等实际情况，将对部分劳动性所得实行综合征税（包括工资、薪金所得，劳务报酬所得，稿酬所得，特许权使用费所得 4 项劳动性所得），适用统一的超额累进税率。这种对不同来源的劳动所得，实行综合征收的方法，课征统一的税率，公平了税负，促进了劳动力要素市场的统一。

下面分别从规模和结构两个方面，介绍我国的个人所得税法历史演变及现状。

1980 年，我国出台了第一部《中华人民共和国个人所得税法》。但是由于当时我国国内职工平均工资还低于免征额①，征税对象大部分是外籍个人，因此，我国在 1984 —1986 年出台了一系列有关奖金税、工资调节税、个人收入调节税等法规。随后，《中华人民共和国个人所得税法》经历了 1993 年、1999 年、2005 年、2007 年、2011 年和 2018 年的六次修正成为现行的《中华人民共和国个人所得税法》，个人所得税占税收收入的比重也在逐年增加。图 6 – 3 给出了 1981 —2017 年个人所得税占税收收入

---

① 1980 年《个人所得税法》规定的每月免征额为 800 元，然而 1980 年的职工年平均工资仅为 762 元。

以及 GDP 比重的历史变化图。在 1994 年统一个人所得税法之前，个人所得税占税收收入的比重基本在 2% 以下。自 1994 年以来，个人所得税占税收收入比重逐步上升，从 1995 年的 2.4% 上升到 2017 年的 8.3%。其中1999—2001 年上升速度非常快，接下来十余年都呈现平稳的态势，维持在 6%~7%，2018 年占比超过 8%。个人所得税收入占 GDP 比重呈上升趋势，由 1994 年的 0.2% 上升到 2017 年的 1.4%。

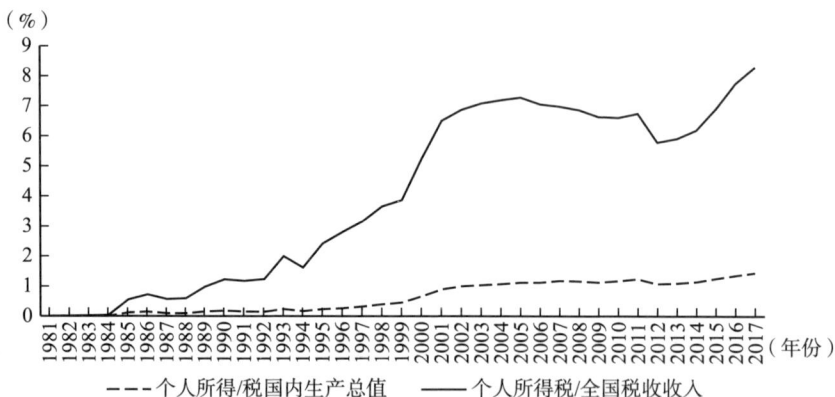

图 6-3　个人所得税占税收收入以及 GDP 的比重（1981—2017 年）

注：1981—1993 年的个人所得税总额 = 个体工商业户所得税 + 个人所得税 + 个人收入调节税 + 奖金税 + 工资调节税。
资料来源：国内生产总值、全国税收收入和 1999—2017 年个人所得税数据来自中经网；1981—1998 年个人所得税数据来自《中国税务年鉴》（1993—1999）。

表 6-6 给出了工资薪金应纳税所得额税率的历史演变情况。该税率依次经历了 1980 年的七级累进所得税率，到 1994 年的九级累进所得税率，到 2011 年的七级累进税率，再到 2018 年的七级累进所得税率，体现了税率随着人均工资水平逐年上升而不断调整的过程。例如，虽然最高一档的税率均为 45%，但其对应的应纳税所得额却相差较大，分别为 1980 年的 1.12 万元以上、1994 年的 10 万元以上和2011 年的 8 万元以上。

表 6－6　　　　　　　工资薪金应纳税所得额税率历史演变*

全月应纳税所得额	税率			
	1980 年 9 月 10 日	1994 年 1 月 1 日	2011 年 9 月 1 日	2018 年 10 月 1 日
500 元以下	5	5	3	3
501～700 元		10		
701～1500 元	10			
1501～2000 元			10	
2001～2200 元	20	15		
2201～3000 元				
3001～4500 元				10
4501～5000 元			20	
5001～5200 元	30	20		
5201～8200 元				
8201～9000 元	40			
9001～11200 元			25	
11201～12000 元	45			
12001～20000 元				20
20001～25000 元		25		
25001～35000 元				25
35001～40000 元			30	30
40001～55000 元		30		
55001～60000 元			35	35
60001～80000 元		35		
80001～100000 元		40	45	45
100000 元以上		45		

注：*我国在 1999 年、2005 年和 2007 年（2007 年修订了两次）的四次《个人所得税法》修正，对工资薪金所得的累进税率未做调整，因此不在本表中列出。2018 年为综合所得适用税率，包括工资、薪金，劳务报酬，稿酬和特许权使用费所得。

资料来源：全国人民代表大会常务委员会，《中华人民共和国个人所得税法》（1980 年）；全国人民代表大会，《中华人民共和国个人所得税法》（1993 年修正）；全国人民代表大会常务委员会，《中华人民共和国个人所得税法》（2011 年修正）；全国人大常委会，《中华人民共和国个人所得税法》（2018 年修正）。

表 6－7 给出了个人所得税工资薪金免征额的历史演变情况。免征额

依次经历了 1980 年的 800 元，到 2006 年的 1600 元，到 2008 年的 2000 元，到 2011 年的 3500 元，再到 2018 年的 5000 元，体现了免征额随着人均工资水平逐年上升而不断调整的过程。

表 6 - 7 　　　　　1980 年以来工资薪金免征额历史演变

生效日期	每月免征额（元）	来　源
1980 年 9 月 10 日	800	全国人民代表大会常务委员会，《中华人民共和国个人所得税法》（1980 年）
2006 年 1 月 1 日	1600	全国人民代表大会常务委员会，《中华人民共和国个人所得税法》（2005 年修正）
2008 年 3 月 1 日	2000	全国人民代表大会常务委员会，《中华人民共和国个人所得税法》（2007 年第二次修正）
2011 年 9 月 1 日	3500	全国人民代表大会常务委员会，《中华人民共和国个人所得税法》（2011 年修正）
2018 年 10 月 1 日	5000	全国人大常委会，《中华人民共和国个人所得税法》（2018 修正）

注：2018 年为综合所得适用的费用扣除额标准，根据每一纳税年度 6 万元，计算而得每月的费用扣除额。

图 6 - 4 描述了 1980 年以来，免征额占职工平均工资比例的历史变化过程。1980 年，免征额是职工平均工资及国有单位职工平均工资的 12 倍左右，和城镇集体单位职工平均工资相比，也高达 15 倍，可见在个人所得税建立初期，职工的平均工资远远低于免征额，基本不用交税。① 1981年个人所得税收入仅 0.05 亿元，占税收收入比重不足 0.01%。之后随着经济的发展，职工平均工资逐步上升，免征额占职工平均工资的比重也逐步下降。② 到 2000 年，职工平均工资开始高于免征额，个人所得税收入也

---

① 1980 年国有单位职工年平均工资为 803 元，城镇集体单位职工年平均工资为 623 元，与每月 800 元的纳税扣除额相差甚远。

② 免征额占职工平均工资比重的下降过程是：1980—1994 年下降速度较快，1995—2006年下降较为平缓。这一时期，在是否应该调高免征额的问题上，朱青（2003）提出，未来一个时期内不宜全面提高个人所得税的免征额；岳树民（2005）也提出了相似的观点，当时个人所得税 800 元的税前扣除标准不宜提高，但可以通过扩大最低税率级距的办法对中等收入者进行照顾。

逐步上升，2000年个人所得税收入为660亿元，占税收收入比重为5.24%。此后，随着职工平均工资不断上涨，免征额最终在2006年上调至1600元，免征额占职工平均工资比重从2005年的53%急剧上升至2006年的92%。2008爆发金融危机，免征额又上调至2000元，免征额占职工平均工资比重从2007年78%上升至2008年的83%。[①] 2011年免征额上调至3500元，免征额占职工平均工资比重从2010年66%上升至2011年的100.5%，即自2000年后，免征额再一次的高于职工平均工资。至2016年，免征额占职工平均工资、国有单位职工平均工资、其他单位职工平均工资的比例都接近60%，占城镇集体单位职工平均工资的比例为83%。

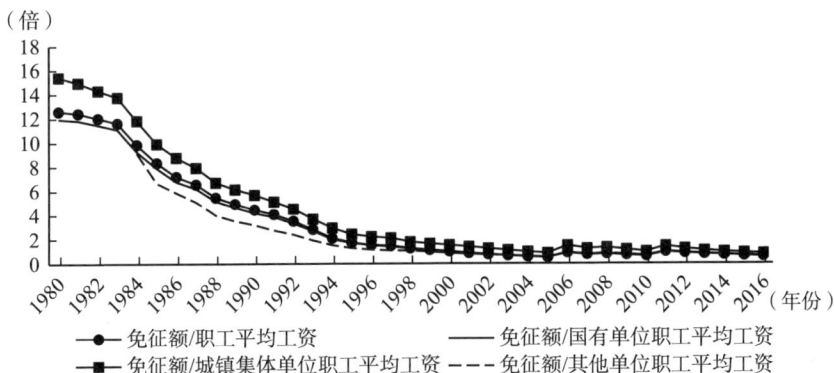

图6-4　免征额占职工平均工资比例（1980—2016年）

资料来源：免征额数据来源于个人所得税法（1980年、2005年、2007年、2011年）；平均工资来源于中华人民共和国国家统计局. 中国统计年鉴［M］. 北京：中国统计出版社，2017。

下面介绍个人所得税的结构变化趋势。

1. 个人所得税分项目收入

图6-5给出了2015年我国个人所得税分项目收入比重图。从图6-5中可以看出，在个人所得税中，工资、薪金所得占比最高，达到65%；紧随其后的是财产转让所得，利息、股息、红利所得，个体工商户生产、经

---

① 岳树民和卢艺（2009）指出，我国当时2000元的免征额标准已经不低，不宜再提高，应通过对税率结构的调整来减轻个人所得税的税负。

营所得和劳务报酬所得，占比分别为 11%、10%、5% 和 4%，其他项目所得的占比较低。

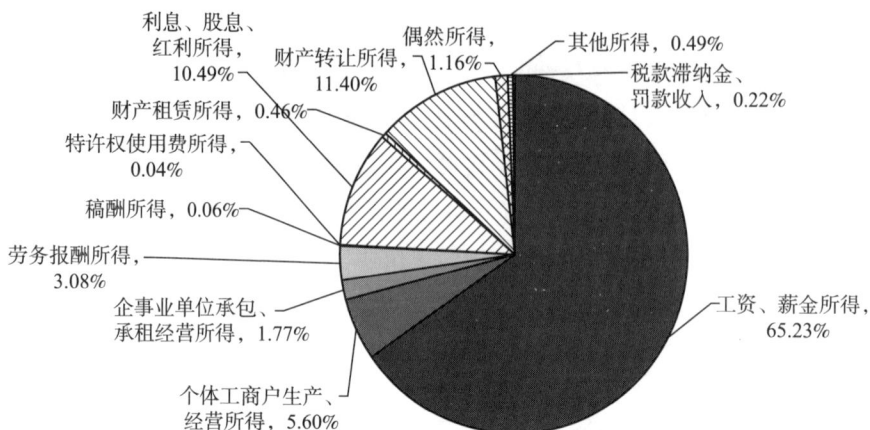

图 6 – 5　2015 年我国个人所得税分项目收入比重

资料来源：国家税务总局 . 中国税务年鉴［M］. 北京：中国税务出版社，2016.

2. 个人所得税工资薪金所得分地区收入

个人所得税的工资薪金所得实行累进税率，收入越高的群体面对的边际税率也越高。因此，个人所得税的工资薪金所得收入也与各地区的工资薪金水平有着密切的关系，图 6 – 6 给出了我国 2015 年个人所得税工资薪金所得分地区收入情况。由图 6 – 6 中可以看出，上海个人所得税工资薪金所得占全国个人所得税工资薪金所得的比重最高，接近 18%；其次是北京，接近 17%；广东省个人所得税工资薪金所得占比超过 16%，江苏个人所得税工资薪金所得占全国个人所得税工资薪金所得的比重约为 7%，浙江省个人所得税工资薪金所得占比约为 6%，其他各地区的个人所得税工资薪金所得占全国个人所得税工资薪金所得比重均在 4% 以下。个人所得税工资薪金所得呈现地区间差异明显的特点，北上广对个人所得税工资薪金所得贡献率达到 50% 以上，西部省份总体贡献率较低，这与个人所得税工资薪金所得的累进性及各地区工资水平密切相关。

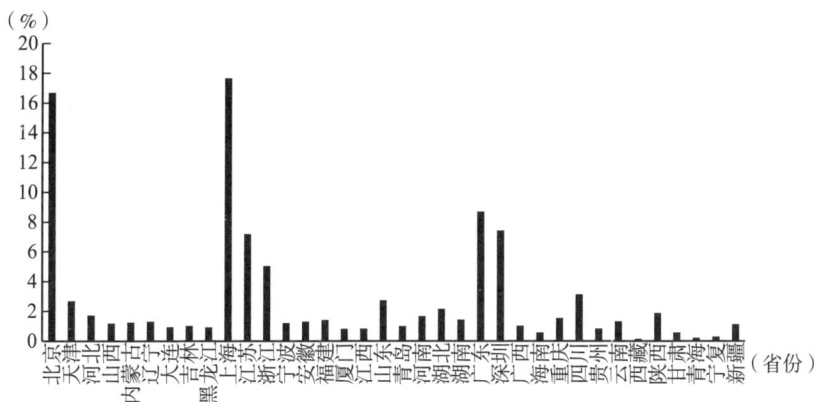

图 6-6　个人所得税工资薪金所得分地区收入情况（2015 年）

注：该比例＝该地区个人所得税工资薪金所得÷全国个人所得税工资薪金所得。

资料来源：国家税务总局. 中国税务年鉴 ［M］. 北京：中国税务出版社，2016.

3. 各地区个人所得税分项目收入比重

从全国的个人所得税分项目收入比重来看，工资薪金所得税收入占个人所得税收入的比重最高，如 2015 年达到 65%，但各地区占比略有不同（如图 6-7 所示）。图 6-7 介绍了 2015 年我国工资、薪金所得税收收入/个人所得税收入的分地区情况。从图 6-7 中可以观察出，从全国范围来看，工资薪金所得缴纳的个人所得税占个税收入的 65%；北京、上海两地占比仍居前两位，均在 80% 左右；其次，陕西、广东、海南、青海、山西和天津等地区占比超过 70%，大多数地区占比在 50%～70%，西藏占比最低约为 35%。

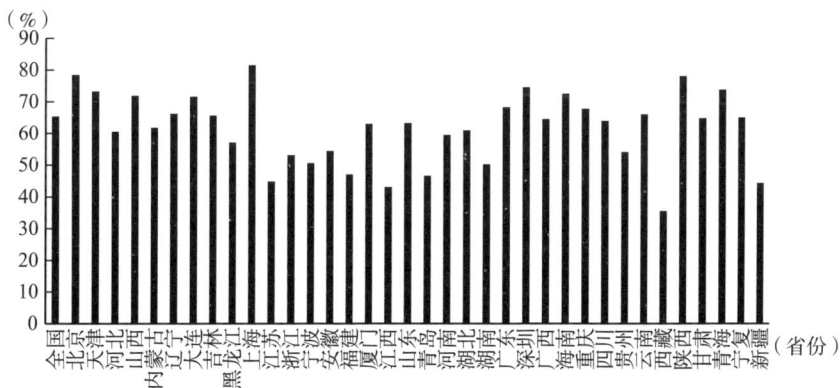

图 6-7　各地区工资、薪金所得税收收入/个税收入（2015 年）

注：该比例＝该地区个人所得税工资薪金所得÷该地区个人所得税收入。

资料来源：国家税务总局. 中国税务年鉴 ［M］. 北京：中国税务出版社，2016.

4. 个人所得税主要项目占比的历史变化

自《个人所得税法》颁布以来，各项目税收收入占比也经历了较大的变化。图 6 – 8 介绍了 2000 —2015 年全国个人所得税收入分项目占比情况。从图 6 – 8 中可以看出工资、薪金所得占个人所得税收入比重最大，且呈上升趋势，由 2000 年的 40% 左右上升到 2015 年的 65%。利息、股息、红利所得占比呈现下降的趋势，由 2000 年的 30%，下降到 2015 年的 10% 左右。个体工商户生产、经营所得总体平稳下降，由 2000 年的 16% 下降为 2015 年的 6%。财产转让所得占比由 2000 年的 0.13% 上升到 2015 年的 11% 左右。劳务报酬占比稳定，约为 2%。工资薪金所得、利息股息红利所得、个体工商户生产经营所得及财产转让所得四个项目合计占比超过个人所得税收入的 90%。

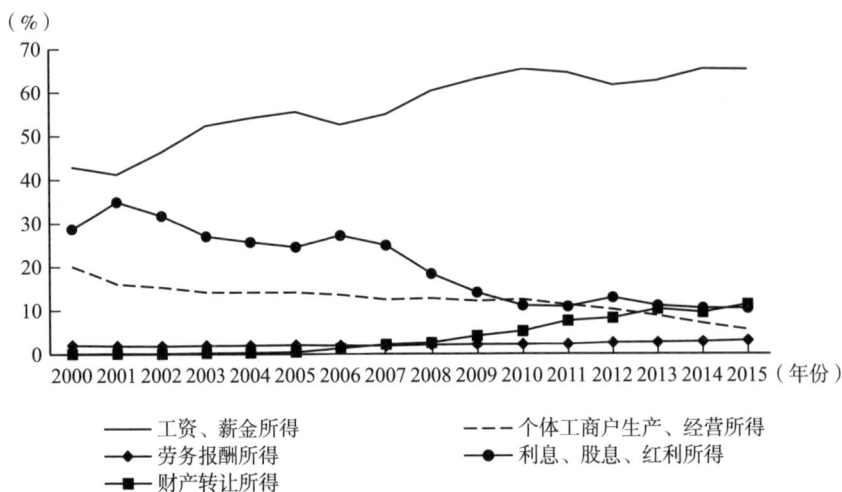

图 6 – 8　2000 —2015 年历年全国个人所得税收入分项目占比情况

资料来源：国家税务总局. 中国税务年鉴 [M]. 北京：中国税务出版社，2001 —2016.

6.3.2　推动全面发展的落脚点

如第 2 章所述，全面发展的理念包括创新、协调、绿色、开放和共享。个人所得税改革在推动全面发展方面，主要体现在共享这一点，即调节收入分配的作用上。相应地，与个人所得税相关的文献综述也主要集中在分析影响个人所得税收入分配调节作用的因素，以及对个人所得税未来的改革思路方面。

6.3.2.1　影响个人所得税收入分配调节作用的因素

个人所得税的累进特征使得它在缩小收入差距中发挥着重要作用，一些学者的实证研究也证明了这一点（Milanovic，1999；等等）。那么，哪些因素决定了个人所得税累进性的高低？归纳起来，大致有免征额、税率水平、个人所得税的类型等。

1. 免征额

免征额是个人所得税制的一个重要组成部分，对个人所得税的累进程度有直接影响。岳树民、卢艺和岳希明（2011）探究了免征额变动对个人所得税累进性的影响，发现个人所得税累进性随着免征额的上升具有很强的规律性，即先上升后下降。岳希明等（2012）也得到了类似的结论：我国个人所得税整体累进性指数随工资薪金所得费用扣除的提高呈倒 U 形，同时其发现目前我国 3500 元免征额正好处于倒 U 形的最大值，超过 3500 元的费用扣除反而会削弱我国个税的累进性。刘元生、杨澄宇和袁强（2013）发现，免征额与基尼系数呈 U 形曲线关系，对于给定的税率，存在一个使基尼系数最小化的免征额，此后进一步提高免征额会使基尼系数上升，但对经济增长有一定的促进作用。

2. 税率水平

税率是个人所得税制的另一个重要组成部分，包括平均税率和税率累进性两个方面。一些学者指出，平均税率[①]的高低是个人所得税收入分配效应大小的主要决定因素，税率累进性则是次要的（岳希明等，2012；岳希明、徐静，2012）。与发达国家相比，我国 2011 年修订的个人所得税累进性较高，但平均税率偏低，导致个税政策调节收入分配的作用有限（徐

---

① 　平均税率＝纳税额与税前收入总额的比率。

建炜、马光荣、李实，2013）。[①] 在税率累进性方面，高亚军（2015）对我国 2011 年以前实行的九级累进税率、2011 年起实行的七级累进税率以及对个人所得税综合征收的模拟研究发现，在三种模式下，我国的个人所得税都可以一定程度上降低收入分配差距，且综合征收模式的效果最为显著。刘怡、胡祖铨和胡筱丹（2010）则对我国工薪所得个人所得税累进税率提出改进设想，鉴于我国收入分配差距扩大的现实，不应降低最高边际税率，同时应拓宽中低收入者的级距。

3. 个人所得税的类型

个人所得税类型大致可以分为三类：分类所得税、综合所得税和分类综合所得税。我国目前实行的是分类所得税。徐静、岳希明（2014）发现，我国个人所得税制存在着不公平，这种不公平主要表现为税额累进但税率累退，即高收入者纳税额较多但承担的税率较低，主要由我国以个人为纳税单位的分项征收模式所导致，这种不公平明显削弱了税收的再分配效应。

6.3.2.2 个人所得税的改革思路

在个人所得税未来的改革思路方面，米增渝、刘霞辉和刘穷志（2012）提出，要优化个人所得税累进制，加大对富人征税力度和对穷人的转移支付。刘怡、李智慧和耿志祥（2017）针对婚姻匹配使得家庭收入分配不平等的研究结果，提出在个税改革中考虑家庭收入差异，采用以家庭为单位的个税征收模式，缩小家庭收入差距。而高亚军（2015）则建议实施综合所得税制度，工薪收入的费用扣除标准应考虑居民家庭负担情况，并实现个人所得税制要素的动态调整。李青（2012）指出，改善征管与统计状况是转向分类综合模式个税、加强个税再分配功能的必要条件。刘扬、冉美丽和王忠丽（2014）通过中美两国的实证对比，为我国个税改

---

① 美国联邦个人所得税具有收入再分配的功能，但 20 世纪末以来联邦个人所得税的这种收入再分配功能却一直在下降。收入分配功能的下降是缘于税基的改变还是税率的改变呢？Alm、Lee 和 Wallace（2005）指出美国 1986 年的税制改革，在税基上的改变虽然使所得税更具有累进性，但在税率上的改革却使所得税的累进性大大降低（如高收入阶层的所得税率从 50% 降至 38.5%），且后者的影响大于前者，导致 1978 —1998 年所得税的累进性大大降低。

革提供了两个思路：一是税制结构调整，增加直接税比重，财富流量征税和财富存量征税共同搭配；二是个人所得税自身设计完善，重点在于体现公平原则，发挥调节居民收入再分配的职能。

6.4　约束条件的逻辑

本节从约束条件的角度，分析推动或制约这一时期税制改革完成的因素。

第一，财政汲取能力。2013 — 2017 年税收收入的年均增长率虽然低于 2003 — 2012 年，但仍保持了 7.5% 的增长率。因此，财政汲取能力不再是制约这一时期税制改革的主要因素。相对应地，具有减税效应的税收改革措施：如营业税改征增值税，及其之后的增值税税率简并和下调等改革措施，才得以实行。

第二，中央和地方两个积极性。自 1994 年分税制改革以来，营业税作为地方主体税种，一直是地方政府税收收入的主要来源之一。图 6 - 9 给出了 2002 — 2016 年营业税占地方税收收入比例的变化情况。从图 6 - 9 中可以看出，在"营改增"之前，营业税占地方税收收入的比重在 1/3 左右；2012 年"营改增"试点后，该比例逐步下降，2013 年为 31.8%、2014 年为 29.9%、2016 年下降至 15.7%。2016 年 5 月"营改增"在全国全面推行后，营业税被取消，地方政府的主体税种也因此缺失。[①] 考虑到具体税制改革措施不应损害地方政府的积极性，不能大幅度减少地方政府的税收收入，同时期国务院印发了《全面推开"营改增"试点后调整中央与地方增值税收入划分过渡方案的通知》，出台了一项中央和地方增值税收入划分的过渡方案，规定增值税由中央和地方的 75∶25 分成改为 50∶50 分成。[②] 这虽然是一项过渡期暂定 2～3 年的短期方案，却解决了地方政府积极性的约束条件，确保了"营改增"方案的顺利实施。

---

① 随着"营改增"全面推开和增值税改革的完成，财政减收在降低流转税负和全面支持企业发展等方面带来了积极效应（张新，安体富，2013）。但原先营业税是地方的主体税种，在"营改增"之后，产生了地方主体税种缺失的问题，也进一步加剧了地方政府的财政困难。

② 国务院全面推开"营改增"试点后调整中央与地方增值税收入划分过渡方案的通知 [Z].2016 - 4 - 29.

（%）

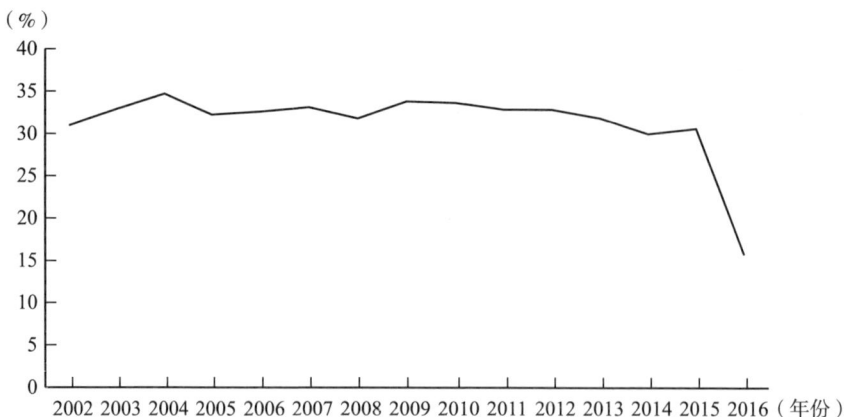

图 6 - 9　营业税占地方税收收入比例（2002—2016 年）

资料来源：中经网统计数据库。

　　第三，税收征管能力助力了这一时期的税制改革。金税工程一期和二期主要侧重于增值税的征收和管理，而 2008 年启动的金税三期工程则是以覆盖所有税种为目标。表 6 - 8 列出了金税工程三期的实施情况，从 2008

表 6 - 8　　　　　　金税工程三期实施过程（2008 — 2016 年）

组成部分	内　容	时　间	来　源
一个平台、两级处理、三个覆盖、四类系统	发改委正式批准金税三期初步设计方案和中央投资概算，金税三期工程正式启动	2008 年 9 月 24 日	中央人民政府官网，"税务总局：备受关注的金税三期工程建设进展顺利"（2010 年 10 月 8 日）①
	金税三期工程主要征管应用系统在重庆市国地税系统正式上线运行	2013 年 2 月	重庆市国家税务局，《关于金税三期工程上线办理有关涉税事项的通知》（2013 年 1 月 21 日）；重庆市地方税务局，《关于正式上线运行金税三期系统的通告》（2013 年 1 月 10 日）
	金税三期工程逐步在各省区推广运行，2016 年在上海、北京、江苏、浙江等 16 个省市上线运行，标志着金税三期工程完成了全国的推广。	2016 年	国家税务总局官网，"2016·税收改革攻坚这一年：搭舞台——金税三期为税收事业插上金色翅膀"（2016 年 12 月 26 日）②

　　注：①中央人民政府官网：http：//www. gov. cn/gzdt/2010 - 10/08/content_1717351. htm。
　　②国家税务总局办公厅. 2016·税收改革攻坚这一年：搭舞台——金税三期为税收事业插上金色翅膀，国家税务总局官网，2016 - 12 - 26，http：//www. chinatax. gov. cn//n810219/n810724/n1275550/c2424178/content. html。

年的正式启动，到 2013 年的重庆市上线运行，再到 2016 年的全国推广。至此，我国已经初步建立起一套覆盖所有税种、覆盖税收主要工作环节、覆盖各级国地税机关的税收管理信息系统。该系统在保障国家财政收入、为税制改革提供信息化支撑方面，起到了重要作用。

与此同时，中共十八大届三中全会提出"建立个人收入和财产信息系统"，也为实施综合与分类相结合的个人所得税制度，以及今后的房地产税改革奠定了基础。

第四，宏观经济环境。图 6 – 10 给出了 1978 — 2017 年国内生产总值增长率的变化情况。从图 6 – 10 中可以看到，自 2008 年金融危机以来我国 GDP 增速逐步开始下降，2012 年以后降到 8% 以下，如 2013 年为 7.8%、2015 年为 6.9%。与此同时，供给侧结构性改革方案被提了出来，供给侧结构性改革的根本目的是提高社会生产力水平。[①] 这一时期的税制改革，如营业税改征增值税，一方面，其减税效应适应了经济增速放缓的宏观经济环境；另一方面，其专业化分工效应，也有利于企业创新和生产效率的提升，也将促进社会生产力的提高，助力于供给侧结构性改革。

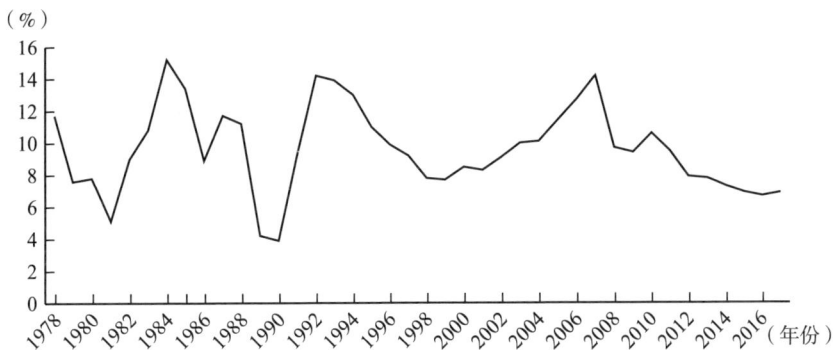

（%）

图 6 – 10　国内生产总值增长率（1978 — 2017 年）

资料来源：中经网统计数据库。

---

① 2015 年 11 月 10 日习近平主持召开中央财经领导小组第十一次会议，首次提出要着力加强供给侧结构性改革；2016 年 1 月 26 日习近平主持召开中央财经领导小组第十二次会议，提出要在适度扩大总需求的同时，去产能、去库存、去杠杆、降成本、补短板，供给侧结构性改革的根本目的是提高社会生产力水平；2017 年 10 月 18 日中共十九大报告也提出要深化供给侧结构性改革。

由此可见，财政汲取能力和税收征管能力，助力于这一期间的税制改革方案；宏观经济环境和目标对"营改增"等税制改革提出了紧迫的要求。增值税分成方案的过渡期安排，解决了中央和地方两个积极性的约束条件，从而保障了"营改增"的顺利实施。

6.5　小　结

2013 年 11 月，中共十八届三中全会提出，要按照"统一税制、公平税负、促进公平竞争"的原则，深化税收制度改革。2014 年 6 月，中共中央政治局审议通过了《深化财税体制改革总体方案》，进一步提出要建立有利于科学发展、社会公平、市场统一的税收制度体系。这为税收制度最终迈向统一市场奠定了基础。在这一原则的指导下，2013 年以后相继开展了一系列税收制度改革，如营业税改征增值税的试点及全国推行，个人所得税由分类所得税制向综合和分类相结合的所得税制转变，等等。

这一期间的税制改革，使"统一市场"的税收制度基本形成。在流转税体系内，取消了营业税，实现了增值税的全覆盖，从根本上解决了货物和服务税制不统一和重复征税的问题，税收制度使得统一的产品市场基本形成。在所得税体系内，初步建立了分类与综合相结合的个人所得税制度，税收制度使得统一的要素市场基本形成。

第 7 章

税收规模与结构：改革实践的体现

改革开放 40 年，中国的税收规模和税收结构发生了较大的改变。作为改革实践的体现，回顾和分析中国税收规模和结构的历史演变，就变得非常重要。首先，本章将从财政收入入手，分析财政收入规模和结构的历史演变；其次，本章将分析财政收入中的重要组成部分，税收收入的规模和结构的历史演变，并做简单的国际对比。

7.1 税收规模

本节阐述我国政府财政收入规模和结构的变化，以及其中的税收收入规模的变化。①

7.1.1 财政收入规模

我国财政收入的结构框架，主要经历了两次变化：第一阶段为 2010 年以前，如图 7-1 所示；第二阶段为 2010 年至今，如图 7-2 所示。

---

① 陈共（2012）指出，财政收入一词有狭义和广义之分：狭义的财政收入指一般公共预算收入，包含税收收入和一般预算非税收入的预算内收入；广义的财政收入，即全口径的财政收入，包括税收收入、全部非税收入和社会保险基金收入等。本节所涉及的财政收入为全口径的财政收入，其余章节所涉及的财政收入为狭义的财政收入。

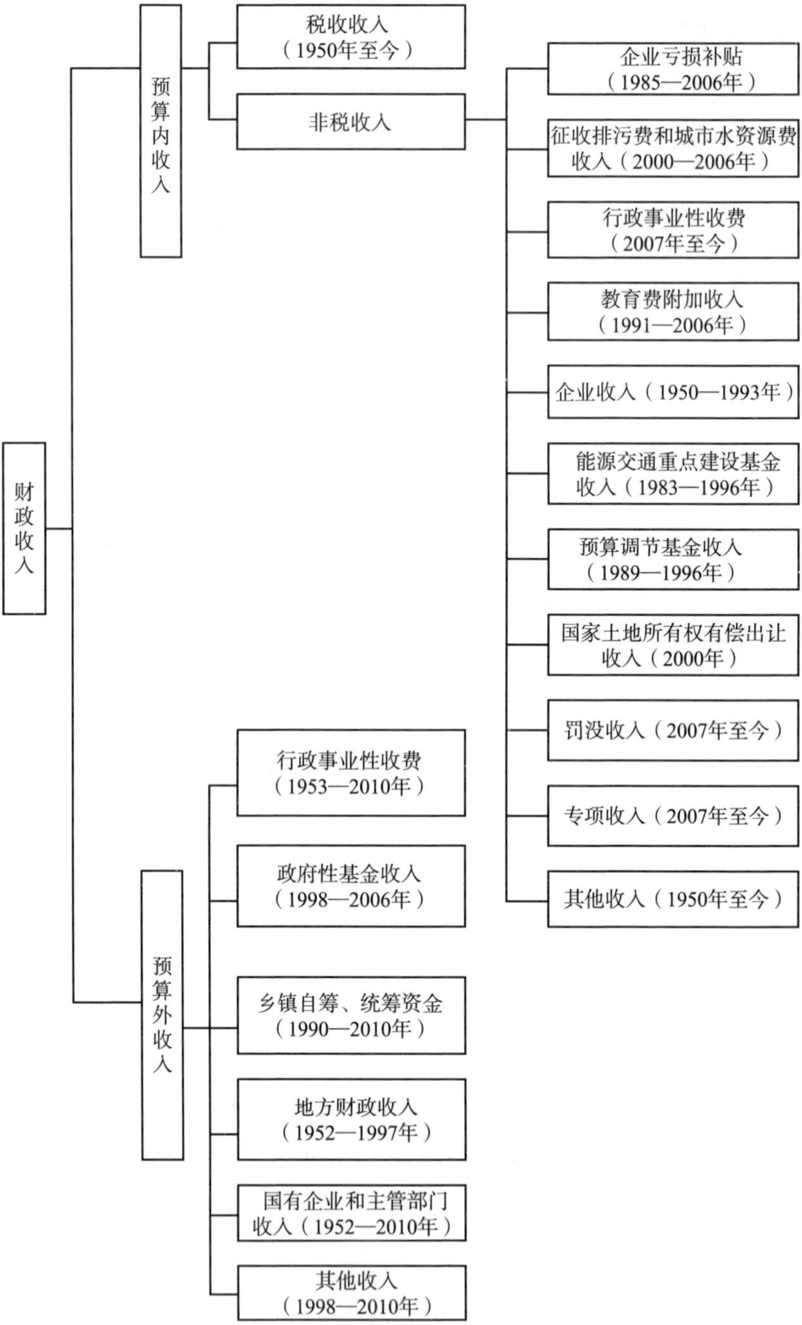
财政收入
预算内收入
税收收入（1950年至今）
非税收入
企业亏损补贴（1985—2006年）
征收排污费和城市水资源费收入（2000—2006年）
行政事业性收费（2007年至今）
教育费附加收入（1991—2006年）
企业收入（1950—1993年）
能源交通重点建设基金收入（1983—1996年）
预算调节基金收入（1989—1996年）
国家土地所有权有偿出让收入（2000年）
罚没收入（2007年至今）
专项收入（2007年至今）
其他收入（1950年至今）
预算外收入
行政事业性收费（1953—2010年）
政府性基金收入（1998—2006年）
乡镇自筹、统筹资金（1990—2010年）
地方财政收入（1952—1997年）
国有企业和主管部门收入（1952—2010年）
其他收入（1998—2010年）

图 7-1 财政收入结构框架（2010 年以前）

注：括号内的年份，为统计年鉴中有具体数据的年份。

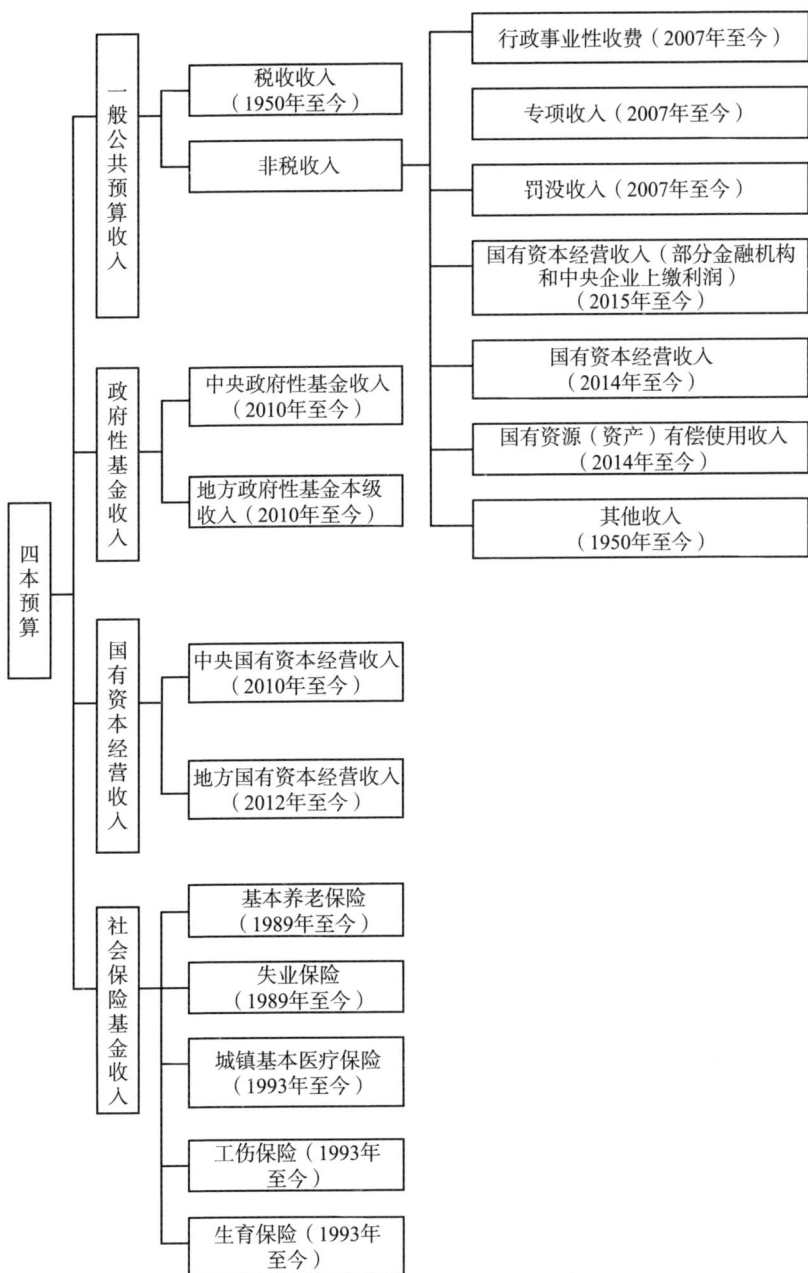

图 7－2　财政收入结构框架（2010 年至今）

注：括号内的年份，为统计年鉴中有具体数据的年份；根据财预〔2010〕88 号文件，2010 年为过渡期，既有部分预算外收入，也有四本预算的收入。

第一阶段的财政收入分为预算内收入和预算外收入（见图7-1），预算内收入又分为税收收入和非税收入。这一阶段的非税收入，不同时间段的项目共有11项；预算外收入从新中国成立到2010年，不同时间段的项目共计6项。2010年6月，财政部发布《关于将按预算外资金管理的收入纳入预算管理的通知》，规定自2011年1月1日起，中央各部门各单位的全部预算外收入纳入预算管理，收入全额上缴国库，支出通过公共财政预算或政府性基金预算安排；地方各级财政部门要按照国务院规定，自2011年1月1日起将全部预算外收支纳入预算管理；相应修订《政府收支分类科目》，取消全部预算外收支科目。① 因此，自2011年起，预算外收入科目不再保留。

第二阶段的财政收入结构框架自2010年开始，财政收入被统计为四本预算，分别是一般公共预算收入、政府性基金收入、国有资本经营收入和社会保险基金收入（见图7-2）。一般公共预算收入分为税收收入和非税收入，其中非税收入包含7项；政府性基金收入和国有资本经营收入都分为中央和地方两项，社会保险基金收入包含养老、失业、医疗、工伤和生育保险5个项目。

下面依次介绍财政收入规模、财政收入结构、全国及部分省市四本预算的情况。

1. 财政收入规模

图7-3显示了1952—2017年我国财政收入占GDP比重的变化。其中，1952—2010年财政收入的统计口径包括图7-1所示内容（1989年之后数据还包含社会保险基金收入），2010—2017年财政收入的统计口径包括图7-2所示内容。② 从图7-3中可以看出，在20世纪90年代以前，财政收入占GDP比例虽有波动，但基本在30%~40%；该比例在90年代初期下降到最低点，如1993年为17.6%、1994年为16%。1994年分税制

---

① 财政部关于将按预算外资金管理的收入纳入预算管理的通知［Z］. 2010-06-09.
② 根据财预〔2010〕88号文件，2010年为过渡期，既有部分预算外收入，也有四本预算的收入。

改革后，财政收入占 GDP 比例逐步上升①，2000 年达到 19.8%、2005 年达到 23.6%、2010 年达到 35.2%、2017 年达到 35%。

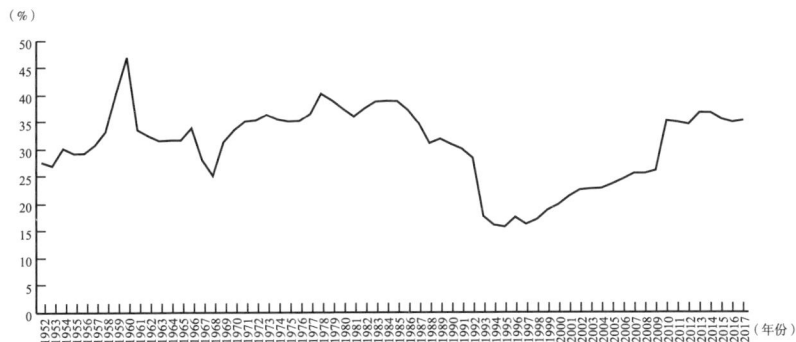

图 7 - 3　财政收入占 GDP 比重变化

注：此处为全口径的财政收入，统计口径为：税收收入 + 非税收入 + 全国政府性基金收入 + 全国国有资本经营收入 + 社会保险基金收入 + 预算外收入；其中社会保险基金收入从 1989 年之后有数据，政府性基金收入和国有资本经营收入从 2010 年之后有数据，预算外收入在 1952 — 2010 年有数据，2011 年后该科目取消。

资料来源：根据历年《中国统计年鉴》《中国财政年鉴》整理，2017 年数据来自财政部官网，《关于 2017 年中央和地方预算执行情况与 2018 年中央和地方预算草案的报告》和《2017 年财政收支情况》。

http：//www. mof. gov. cn/zhengwuxinxi/caizhengshuju/201803/t20180323_2847996. htm；

http：//gks. mof. gov. cn/zhengfuxinxi/tongjishuju/201801/t20180125_2800116. html。

2. 财政收入的结构

图 7 - 3 中的全口径的财政收入，统计口径包括税收、非税收入、政府性基金、国有资本经营收入、社会保险基金收入和预算外收入。图 7 - 4 显示了上述各分项收入占财政收入比例的变化情况，大致可以分为以下四个阶段。

---

① 郭庆旺、吕冰洋（2011）指出，分税制改革实际上是一种税收分权改革，它从以定额合同和分成合同为主的契约形式向分税合同为主的契约形式转变，由此对各级税务部门产生了强烈的税收激励作用。这种激励作用促进税务部门征税能力和税收努力的提高，进而带动税收高速增长。

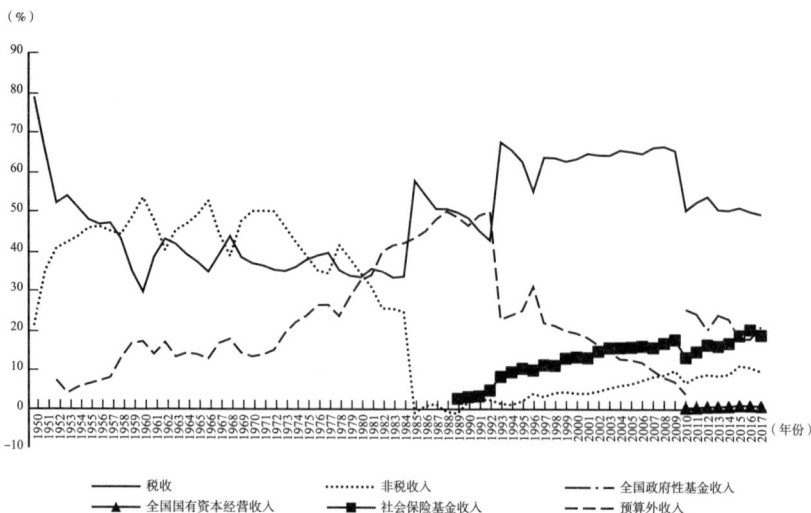

图 7 - 4　财政收入各项占财政收入比重变化

注：由于非税收入在 1985 年开始增加了企业亏损补贴，这个项目是非税收入中的抵减项，且数额较大，因此 1985 — 1989 年非税收入占财政收入的比重为负数。

资料来源：同图 7 - 3 的资料来源。

　　在 1983 — 1984 年的利改税以前，税收收入占财政收入的比重有一个先下降后平稳的过程，1950 — 1984 年的均值为 41%；非税收入占财政收入的比重有一个先上升后平稳的过程（其中企业收入是非税收入的主要来源），1950 — 1984 年的均值也为 41%；预算外收入占财政收入的比重呈现出逐步上升的趋势（其中国有企业和主管部门收入是预算外收入的主要来源），例如，由 1955 年的 6.39% 上升至 1980 年的 32%，再到 1984 年的 42%，该比例在 1950 — 1984 年的均值约为 18%。

　　两步利改税后，把国有企业上缴利润的制度改为缴纳企业所得税的制度，税收收入占财政收入比重有一个迅速上升再逐步下降的过程，如从 1984 年的 33.4% 上升至 1985 年的 57.7%，之后逐步下降，如 1987 年降到 50.6%，1992 年达到 42.7%；相对应地，非税收入占财政收入的比例有一个急速下降的过程（主要源于企业收入的急速下降），如从 1984 年的 24.5% 下降到 1986 年的 0.81%；预算外收入有一个快速膨胀再到急速下降的过程，如预算外收入占财政收入的比例由 1984 年的 42% 上升至 1988 年的 50%，该比例一直维持到 1992 年，1993 年急速降至 22.7%。1993 年中共中央办公厅、国务院办公厅转发了财政部《关于对行政性收费、罚没收入实行预算管理的规定》，将行政性收费、罚没收入实行预算管理，预算外资金的范围大大缩小；同时规定各级政府和财政部门要对本级各部门、各单位的收费和罚没情况进行清理，凡越权自行设立的收费、罚没项目，要一律取消。[①]

分税制改革前后，税收收入占财政收入比例有了大幅提升，如 1993 年该比例为 67%。分税制改革激发了税务部门的征税能力和税收努力，1994—2009 年该比例一直维持在 65% 左右；非税收入占财政收入的比例有了缓慢上升（主要来源于教育费附加和其他收入），如该比例从 1994 年的 1.1% 上升至 2009 年的 9.88%；随着 1994 年预算法的出台，以及对预算外资金口径的调整和范围的重新界定[②]，预算外收入占财政收入的比重逐步下降，从 1994 年的 23.8% 下降到 2009 年的 7%，再到 2010 年的 4%。2011 年后不再有预算外收入科目。

2010—2017 年，我国开始实行四本预算制度：税收收入占财政收入比例维持在 50% 左右；非税收入占财政收入比例维持在 9% 左右；政府性基金收入占财政收入比例维持在 21% 左右；国有资本经营收入占财政收入比例非常低，一般在 1% 以内；社会保险基金收入占财政收入比例维持在 17% 左右。

3. 财政收入的四本预算

表 7-1 给出了 2010—2017 年中国四本预算收入的分项数据。在一般公共预算收入中，以税收收入为主，2017 年占比约为 84%；在政府性基金收入中，以国有土地使用权出让收入为主，2017 年占比约为 85%；在全国国有资本经营收入中，中央和地方收入基本各占一半；在社会保险基金收入中，以养老保险和医疗保险收入为主。

---

① 中共中央办公厅，国务院办公厅. 中共中央办公厅、国务院办公厅关于转发财政部关于对行政性收费、罚没收入实行预算管理的规定的通知［Z］. 1993-10-09.

② 全国人民代表大会. 中华人民共和国预算法［Z］. 1994-03-22；国务院. 国务院关于加强预算外资金管理的决定［Z］. 1996-07-06.

表 7 - 1

中国四本预算收入情况（2010—2017年）

收入项目	2010年 绝对额（亿元）	2010年 占GDP的比率（%）	2011年 绝对额（亿元）	2011年 占GDP的比率（%）	2012年 绝对额（亿元）	2012年 占GDP的比率（%）	2013年 绝对额（亿元）	2013年 占GDP的比率（%）	2014年 绝对额（亿元）	2014年 占GDP的比率（%）	2015年 绝对额（亿元）	2015年 占GDP的比率（%）	2016年 绝对额（亿元）	2016年 占GDP的比率（%）	2017年 绝对额（亿元）	2017年 占GDP的比率（%）
一、公共预算收入	83101.51	20.12	103874.4	21.23	117253.5	21.70	129209.6	21.71	140370.0	21.80	152269.2	22.10	159604.9	21.45	172567	20.86
其中：税收收入	73210.79	17.73	89738.39	18.34	100614.2	18.62	110530.7	18.57	119175.3	18.51	124922.2	18.13	130360.7	17.52	144360	17.45
二、政府性基金收入	33951.16	8.22	41363.13	8.45	37534.90	6.95	52268.75	8.78	54113.65	8.40	42338.14	6.14	46643.31	6.27	61462	7.43
其中：国有土地使用权出让收入	28197.70	6.83	31140.42	6.36	26691.52	4.94	39142.30	6.58	40479.69	6.29	30783.80	4.47	35639.69	4.79	52059	6.29
三、全国国有资本经营收入					1495.90	0.28	1713.36	0.29	2007.59	0.31	2550.98	0.37	2608.95	0.35	2579	0.31
其中：中央国有资本经营收入	558.67	0.14	765.01	0.16	970.68	0.18	1058.43	0.18	1410.91	0.22	1613.06	0.23	1430.17	0.19	1244	0.15
四、社会保险基金收入	19276.13	4.67	25153.30	5.14	30738.76	5.69	35252.95	5.92	39827.74	6.18	46012.12	6.68	52765	7.09	55380.16	6.69
财政收入合计	136887.4	33.14	171155.8	34.98	186497.8	34.51	217789.7	36.59	235722.3	36.60	242232.5	35.15	260443.4	35.00	290653.16	35.14

资料来源：2010—2015年各项收入数据来自《中国财政年鉴》（2011—2016年）；2016年数据来自中国财政部《2016年国家财政决算》《2017年国家财政决算》。
2017年数据来自《关于2017年中央和地方预算执行情况与2018年中央和地方预算草案的报告》和《2017年财政收支情况》。
http://yss. mof. gov. cn/2016js/index. html。
http://www. mof. gov. cn/zhengwuxinxi/caizhengshuju/201803/20180323_2847996. htm;
http://gks. mof. gov. cn/zhengfuxinxi/tongjishuju/201801/20180125_2800116. html.

4. 各地区四本预算情况

下文以 2015 年数据为例，介绍四本预算在部分省市的情况。

图 7-5 给出了 2015 年各省一般公共预算收入占该省 GDP 比例的情况，各省均值为 37%，是四本预算中占比最高的项目。其中，山东占比最低仅为 16.9%，西藏占比最高为 156.4%。西藏的一般公共预算收入不仅包括税收收入和非税收入，而且还包括大量的中央补助收入。2015 年西藏一般公共预算收入 1604.85 亿元（其中税收收入 92 亿元，非税收入 45.13 亿元，中央补助收入 1331.17 亿元），其税收收入所占比例为 5.7%，非税收入所占比例为 2.8%，而中央补助收入所占比例高达 82.9%。而西藏 2015 年的地区生产总值为 1026.39 亿元，因此西藏的一般公共预算收入占 GDP 的比重大于 100%。

从区域分布情况来说，西藏、青海、贵州、宁夏、甘肃等西北和西南的省份占比较高，而东部地区如福建、江苏、山东等地占比较低。这也从侧面说明了，经济欠发达的省市获得的中央补助收入较多，也更多地依赖于一般公共预算收入。

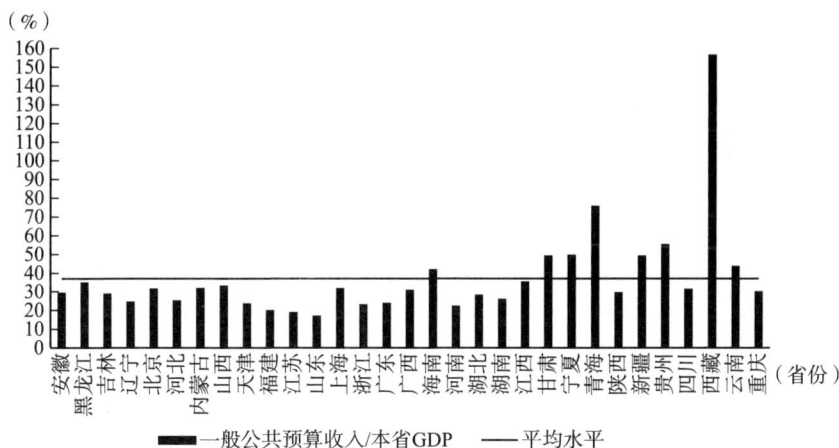

图 7-5 各省份一般公共预算收入占该省 GDP 比例（2015 年）

注：西藏在一般公共预算收入中，包含大量的中央补助收入，因此一般公共预算收入高于其 GDP。

资料来源：分省 GDP 的数据来自中经网；分省一般公共预算收入来自《中国财政年鉴》（2016）。

图 7 - 6 给出了 2015 年部分省份政府性基金收入占该地区 GDP 比例的情况，各地区均值为 6.44%。其中内蒙古的占比最小仅为 1.40%，重庆市的占比最高为 14.50%。从区域分布情况来看，吉林、北京、江苏、上海、浙江、广西、海南、江西、青海和贵州所占比重高于各地区平均水平，其余省份均低于各地区平均水平。当然，这仅仅反映了 2015 年的情况，由于国有土地使用权出让收入是政府性基金收入的主要来源之一，该项金额在各地区的不同年份之间会有波动，因此上述区域分布情况在不同年份之间也会有差异。

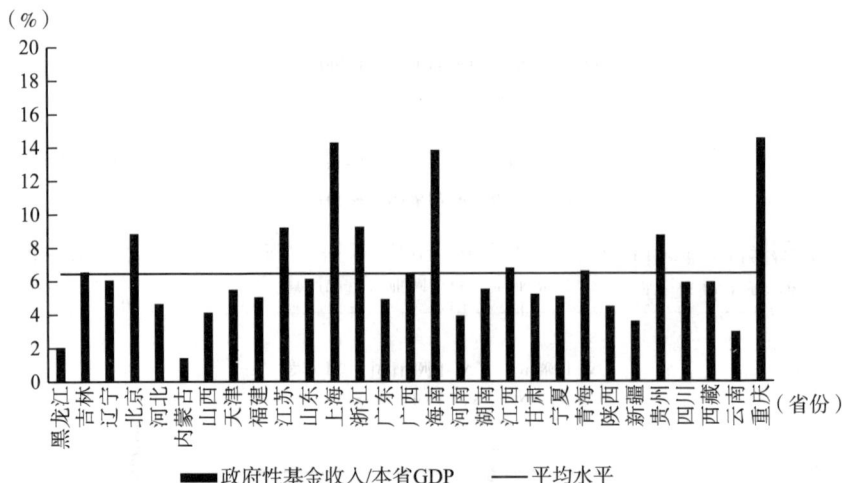

图 7 - 6   各省份政府性基金收入占该省 GDP 比重（2015 年）

资料来源：分省 GDP 的数据来自中经网；分省政府性基金收入来自中国财政部网站的《2016 年部分省（区、市）财政预算报告汇编》。http：//www. mof. gov. cn/zhuantihuigu/2016hb/。

图 7 - 7 给出了 2015 年部分省份国有资本经营预算收入占该省 GDP 比例的情况，各地区均值为 0.13%，是四本预算中占比最低的项目。国有企业相对集中的地区此项比重较大，重庆、上海、广东和北京为占比最大的四个省份，分别为 0.58%、0.45%、0.29% 和 0.27%。

（％）

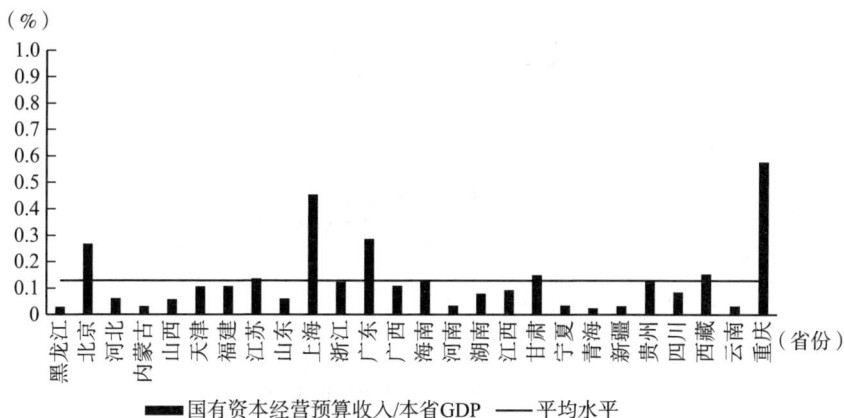

图 7-7 各省份国有资本经营预算收入占该省 GDP 比重（2015 年）

资料来源：分省 GDP 的数据来自中经网；分省国有资本经营预算收入来自中国财政部的《2016 年部分省（区、市）财政预算报告汇编》。http：//www. mof. gov. cn/zhuantihuigu/2016hb/。

图 7-8 给出了 2015 年部分省份社会保险基金收入占该省 GDP 比例的情况，各地区均值为 6.92％。上海占比重最高为 13.05％，福建占比最低为 3.5％。此项目各省份的占比情况都比较接近平均水平，相对来说，西南，西北，东北和华北地区所占比重较高。

（％）

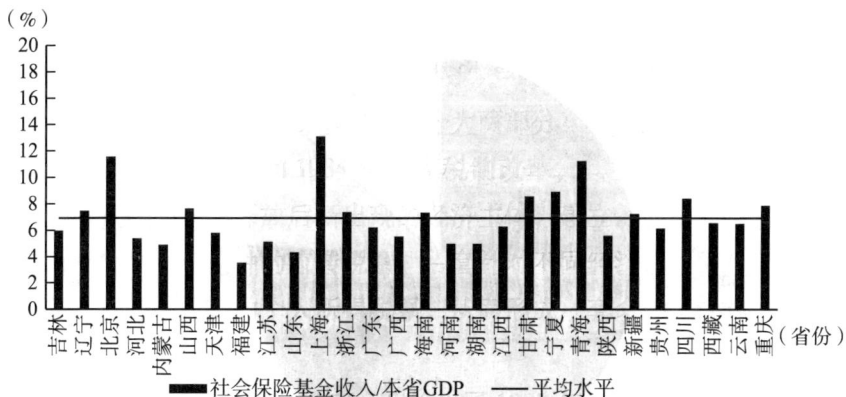

图 7-8 各省份社会保险基金收入占该省 GDP 比重（2015 年）

资料来源：分省 GDP 的数据来自中经网；分省社会保险基金收入来自中国财政部的《2016 年部分省（区、市）财政预算报告汇编》。http：//www. mof. gov. cn/zhuantihuigu/2016hb/。

7.1.2 各国税收规模历史变化趋势

本节介绍"金砖五国"以及主要发达国家税收规模的变化情况。

图 7 - 9 给出了近年来"金砖五国"的税收规模变化。从图 7 - 9 中可以看出，巴西税收收入占 GDP 比例最高，从 1995 年的 27% 上升至 2007 年的 35%，2015 年又变为 32%；南非从 1995 年以来占比波动上升，从 23.8% 上升为 2014 年的 28%；俄罗斯占比基本在 22% ~ 24% 之间波动，2015 年下降为 18%；印度的比重由 1998 年的 14% 逐步上升为 2016 年的 21%；中国的比重起初为五个国家中最低的，2000 年为 12.5%，后逐渐上升，2017 年上升至 17.5%。

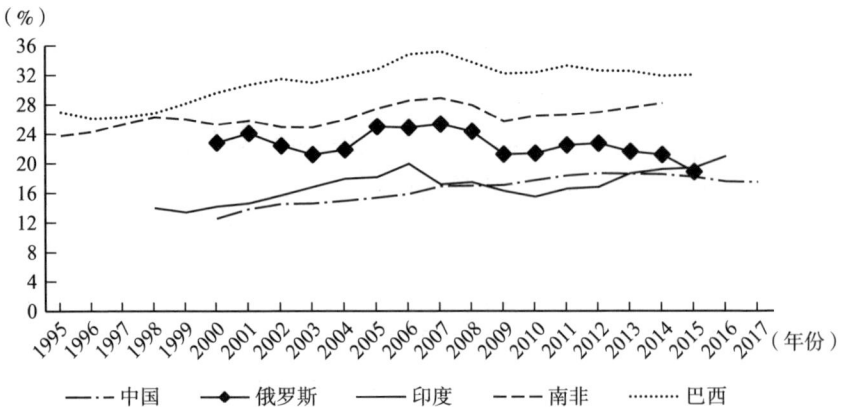

图 7 - 9 "金砖五国"税收占 GDP 的比重

资料来源：中国、俄罗斯、南非数据来自 IMF 数据库；巴西数据来自 OECD 数据库。
印度数据，1996—2000 年来源于 Indian Public Finance Statistics 2004 - 05；
2001—2007 年来源于 Indian Public Finance Statistics 2008 - 09；
其他年份数据来源于 Indian Public Finance Statistics 2016 - 17。

图 7 - 10 展示了主要发达国家的税收规模变化。从图 7 - 10 中我们可以看出，发达国家税收收入占 GDP 的比重总体上要高于"金砖五国"，其中英国、加拿大和德国的比重高于其他三国，在 30% ~ 36% 之间交替波动。英国所占比重由 1965 年的 30% 波动上升至 1982 年的 36%，又波动下降，2016 年为 32.7%；德国所占比重由 1970 年的 28% 上升为 2016 年的

37.4%；加拿大所占比重由 1970 年的 30% 上升到 1997 年的 36%，又逐步下降到 2016 年的 32%。美国所占比重最低，基本处于 25% 左右；日本所占比重由 1990 年的 28% 下降为 2003 年的 24%，之后缓慢上升，2015 年为 31%；澳大利亚所占比重由 1965 年的 20.6% 波动上升为 2015 年的 27.9%。

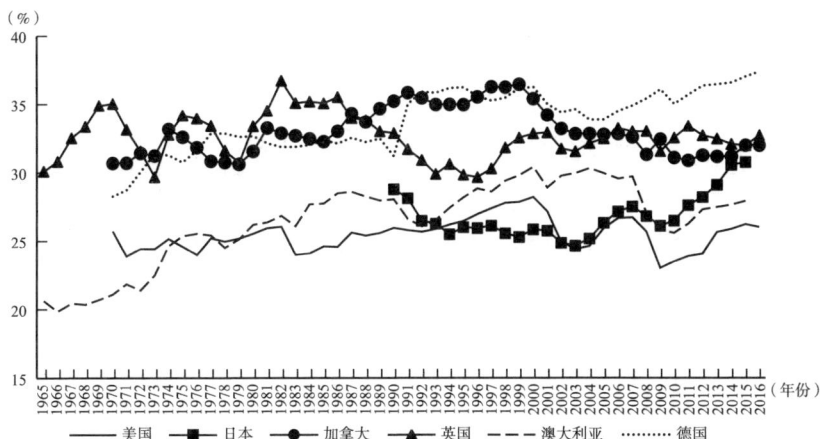

图 7 – 10　主要发达国家税收占 GDP 比重

资料来源：OECD 数据库，http：//stats. oecd. org/#。

7.2　税　制　结　构

本节将介绍中国税制结构的历史变化趋势，并与金砖国家和主要发达国家做简单的对比分析。

7.2.1　中国税制结构历史变化趋势

表 7 – 2 展示了我国自 1978 年以来主要税收收入变化情况。早期的税收主要包括关税、工商税和企业所得税，个人所得税始于 1980 年（1981年起有统计数据）。1984 年之前内资企业缴纳的企业所得税称为工商所得

税，缴纳的其他税收统称为工商税；外资企业缴纳的企业所得税包括中外合资企业所得税和外国企业所得税。

1984年工商税制改革，增值税、产品税和营业税从工商税中分离出来；1994年工商税制改革，取消了产品税，流转税主要由增值税、消费税和营业税组成；2016年我国实现全面"营改增"，取消了营业税。

表7-2　　　　　　　　　　中国主要税收收入情况表　　　　　　　单位：亿元

年份	总税收	关税	工商税	产品税	国内增值税	营业税	国内消费税	企业所得税	个人所得税
1978	519	29	395					54	
1979	538	26	425					45	
1980	572	34	454					45	
1981	630	54	491		0.16			44	0.05
1982	700	47	551		2			49	0.10
1983	776	54	573		20			60	0.17
1984	947	103	501	109	43	33		73	0.34
1985	2041	205		582	148	211		696	11.20
1986	2091	152		537	232	261		692	15.10
1987	2140	142		533	254	302		665	12.17
1988	2390	155		477	384	398		676	14.30
1989	2727	182		529	431	487		700	26.62
1990	2822	159		580	400	516		716	34.50
1991	2990	187		634	406	564		731	35.04
1992	3297	213		649	706	659		721	40.58
1993	4255	256		821	1081	966		679	84.62
1994	5127	273			2308	670	487	708	83.10
1995	6038	292			2602	866	541	878	145.91
1996	6910	302			2963	1053	620	968	193.19
1997	8234	319			3284	1324	679	963	259.93
1998	9263	313			3628	1575	815	926	338.65
1999	10683	562			3882	1669	821	811	414
2000	12582	750			4553	1869	858	1000	660

续表

年份	总税收	关税	工商税	产品税	国内增值税	营业税	国内消费税	企业所得税	个人所得税
2001	15301	841			5357	2064	930	2631	995
2002	17636	704			6178	2450	1046	3083	1212
2003	20017	923			7237	2844	1182	2920	1418
2004	24166	1044			9018	3582	1502	3957	1737
2005	28779	1066			10792	4232	1634	5344	2095
2006	34804	1142			12785	5129	1886	7040	2454
2007	45622	1433			15470	6582	2207	8779	3186
2008	54224	1770			17997	7626	2568	11176	3722
2009	59522	1484			18481	9014	4761	11537	3949
2010	73211	2028			21093	11158	6072	12844	4837
2011	89738	2559			24267	13679	6936	16770	6054
2012	100614	2784			26416	15748	7876	19655	5820
2013	110531	2631			28810	17233	8231	22427	6532
2014	119175	2843			30855	17782	8907	24642	7377
2015	124922	2561			31109	19313	10542	27134	8617
2016	130354	2603			40712	11502	10217	28850	10089
2017	144360	2998			56378		10225	32111	11966

资料来源：1994—2016年国内消费税，1978—2016年总税收、关税，1985—2016年国内增值税、营业税、企业所得税，1999—2016年个人所得税来自中经网统计数据库；1981—1984年国内增值税，1984年营业税，1984—1992年产品税，1978—1984年工商税、企业所得税来自《中国税务年鉴》（1993年）；1993年产品税来自《中国财政年鉴》（2016年）；1981—1998年个人所得税数据来自《中国税务年鉴》（1993—1999年）；2017年数据来自财政部网站，《2017年财政收支情况》。

图7-11展示了中国税制结构的历史变化趋势。

（1）增值税：1994年我国建立了以增值税为核心的流转税体系，增值税也成为我国的第一大税种，如1994年增值税占税收收入比重为45%；之后占比有所下降，尤其是增值税转型后，如国内增值税占比从2008年的33%下降到2009年的31%，再到2015年的25%；营业税改征增值税后，国内增值税占比又急速上升，2016年上升至31%，2017年达到39%。

（2）企业所得税：企业所得税占比在 1985 —1994 年逐步下降，从 1985 年的 34% 下降到 1994 年的 14%；之后在波动中上升，2017 年达到 22.24%，成为我国的第二大税种。

（3）个人所得税：近年来，个人所得税占比一直缓慢上升，到 2017 年达到 8.3%，成为我国第三大税种。

（4）消费税：国内消费税占比呈现先降后升的趋势，由 1994 年的 9.5% 下降到 2008 年的 4.7%；随着税率和税目的不断调整，之后又出现了缓慢上升，2017 年达到 7%。

（5）关税：关税占比呈现逐年下降的趋势，从 1985 年的 10% 下降到 2017 年的 2%。

（6）营业税：营业税曾经是我国的税收收入的主要来源之一，尤其是地方政府的主体税种，但 2016 年"营改增"在全国全面推行，2017 年不再有营业税收入。

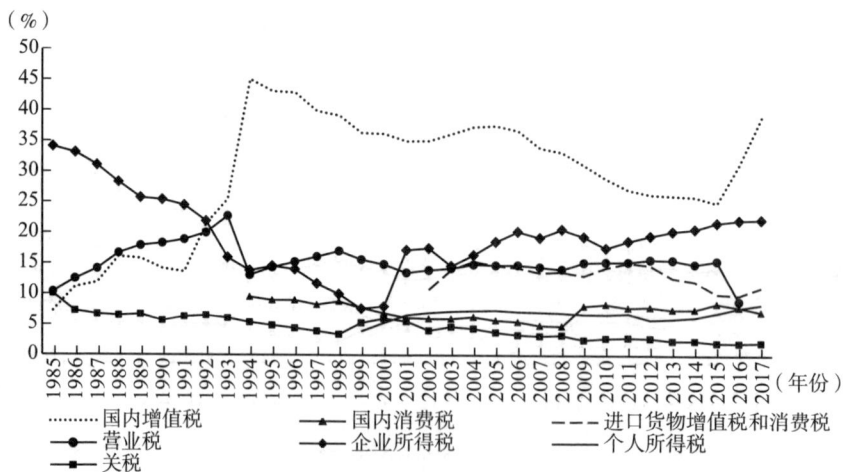

图 7 –11　主要税种占税收收入的比例（1985 —2017 年）

资料来源：1985 —2015 年数据来自中国国家统计局，http://data.stats.gov.cn/easyquery.htm?cn=C01；

2016 年数据来自中国财政部网站《2016 年财政收支情况》，http://gks.mof.gov.cn/zhengfuxinxi/tongjishuju/201701/t20170123_2526014.html；

2017 年数据来自中国财政部网站《2017 年财政收支情况》，http://gks.mof.gov.cn/zhengfuxinxi/tongjishuju/201801/t20180125_2800116.html。

图 7 –12 展示了我国 2017 年税制结构。从图 7 –12 中可看出，增值

税是我国第一大税，国内增值税占比达 39.05%；其次是企业所得税，占比 22.24%；土地和房地产相关税收，包括契税、土地增值税、房产税、城镇土地使用税、耕地占用税，合计占比 11.39%；个人所得税和国内消费税占比分别为 8% 和 7%；城市维护建设税、车辆购置税、关税、印花税、资源税、车船税、船舶吨税和烟叶税等占比皆不高，0.5%～3% 不等。

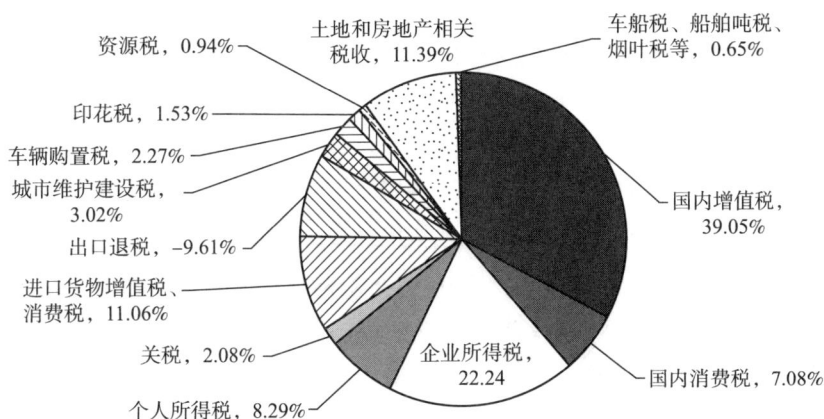

图 7 - 12　2017 年中国税收分布情况

资料来源：财政部网站《2017 年财政收支情况》，http：//gks. mof. gov. cn/zhengfuxinxi/tongjishuju/201801/t20180125_2800116. html。

7.2.2　各国税制结构历史变化趋势

图 7 - 13 给出了 1965 —2015 年，OECD 国家三大税类占税收收入的比例。此处不考虑社会保障缴款，税收总额中仅包含所得税类（Taxes on Income，Profits and Capital Gains）、财产税类（Taxes on Property）和商品服务税类（Taxes on Goods and Services）。由图 7 - 13 中可知，所得税类占税收收入的比例最大，由 1965 年的 42% 上升为 1978 年的 50%，随后略微下降，2015 年为 46%；商品和服务税是第二大税类，其所占比重由 1965 年的 46% 逐渐降为 1974 年的 40%，在 2015 年回升到 44%；财产税类所占比重较小，基本保持在 7.5% 左右。可见，在不考虑社会保障税的情况下，OECD 国家的税制结构以所得税类和商品与服务税类并重。

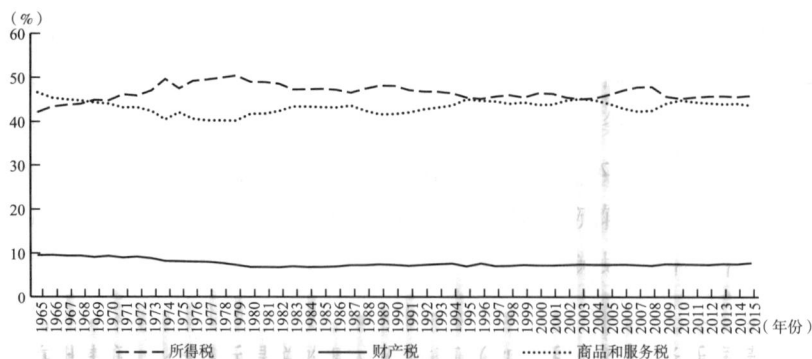

图 7 - 13   OECD 国家三大税类占税收收入的比例（1965—2015 年）

注：通过取 OECD 国家平均值而得（OECD average）。
资料来源：OECD 数据库，http：//stats. oecd. org/#。

图 7 - 14 给出了 1965—2015 年 OECD 国家主要税种占税收收入的比例。其中，个人所得税和企业所得税构成所得税类，房产税包含在财产税中，增值税、销售税、消费税和关税包含在商品和服务税类中。从图 7 - 14 中可知，个人所得税是最大的税种，2015 年占比为 33%；增值税占比自 1965 年以来稳步上升，已经成为第二大税种，2015 年占比为 27%；企业所得税占比比较稳定，一直在 10% 上下波动，为第三大税种，2015 年占比为 12%；消费税占比自 1965 年以来逐步下降，为第四大税种，2015 年占比为 10.5%；房产税紧随其后，占比为 4.5%。关税和销售税占比都较低。

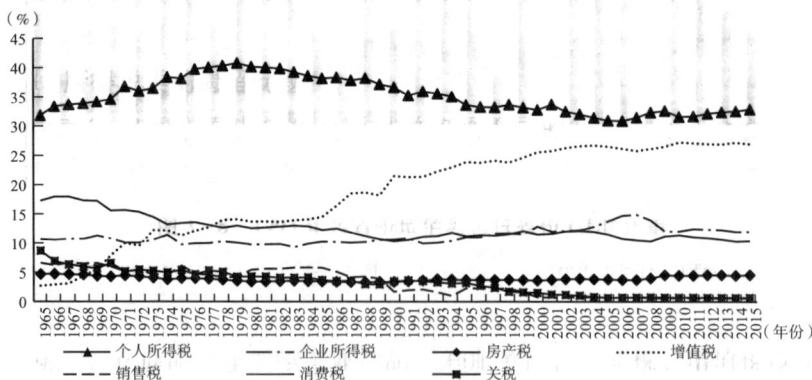

图 7 - 14   OECD 国家主要税种占税收收入的比例（1965—2015 年）

注：通过取 OECD 国家平均值而得（OECD average）。
资料来源：OECD 数据库，http：//stats. oecd. org/#。

下面将对上述几个重要的税种进行简单的国际比较，包括个人所得税、一般商品和服务税（General Taxes on Goods and Services）、企业所得税以及财产税（Taxes on Property）。

1. 个人所得税

从 OECD 国家平均值来看，个人所得税已经成为第一大税种。下面将具体介绍主要发达国家以及"金砖五国"个人所得税收入占税收收入比重，以及个人所得税收入占 GDP 比重的变化情况。

图 7－15 介绍了主要发达国家个人所得税占税收收入比重。从图 7－15 中可以观察到，2014 年个人所得税收入占比由高到低依次为：澳大利亚、美国、加拿大、英国、德国、日本。澳大利亚整体占比最高，1986 年曾达到 47% 左右，近年来有所下降，但依然保持在 40% 左右；美国处于平稳状态，占比基本维持在 37% 左右；加拿大在 1990 年之前占比呈现上升趋势，最高接近 41%，之后有所回落，保持在 36% 左右；英国占比在波动中逐渐下降，1975 年达到顶峰，个人所得税占比约 40%，随后有所下降，并稳定在 27%～30%；德国占比保持平稳，最近 10 年为 23%～26%；日本从 1990 年以来个人所得税占比呈下降趋势，在主要发达国家中占比最低，个税占税收之比不到 20%。

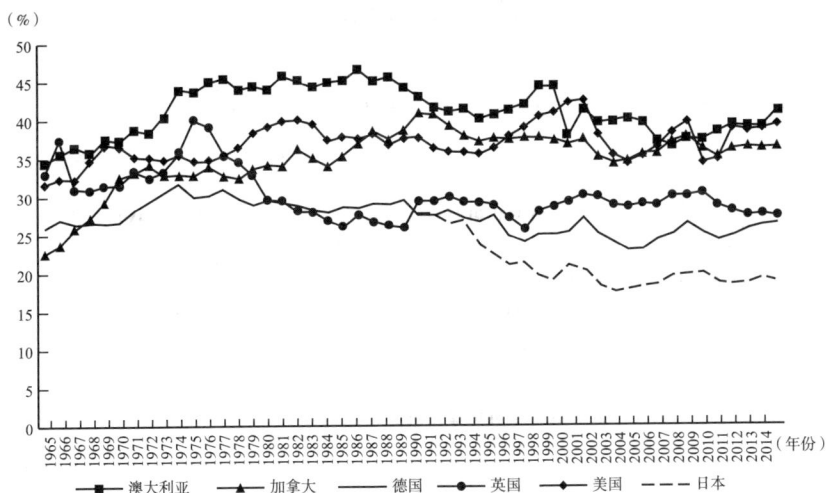

图 7－15　主要发达国家个人所得税占税收收入比例（1965—2014 年）

资料来源：OECD 数据库。

图 7 – 16 介绍了主要发达国家个人所得税占 GDP 的比重变化。从图 7 – 16 中可以看出，2014 年，加拿大、澳大利亚、德国、英国、美国 5 国个人所得税占 GDP 的比重均在 9% ~ 12%，相差不大，加拿大和澳大利亚最高，其次是美国、德国和英国。日本相比而言，占比仅 6%。

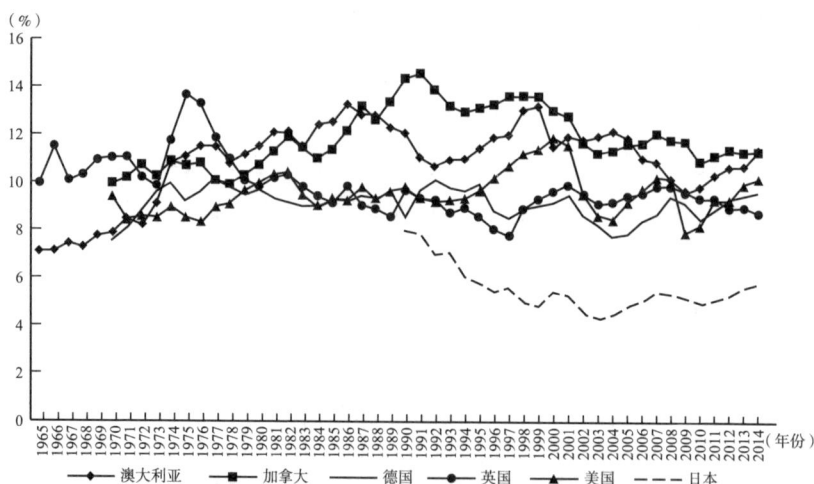

图 7 – 16　主要发达国家个人所得税占 GDP 比例（1965 —2014 年）

资料来源：OECD 数据库。

图 7 – 17 介绍了"金砖五国"个人所得税占税收收入的比重。南非个人所得税占比最高，且远高于其他四国，约为 35%，曾经在 1996 年达到最高峰 40%。俄罗斯个人所得税占比次之，在波动中上升，2014 年达到 15% 左右。印度从 1996 年以来个人所得税占比保持平稳上升状态，2014 年占比约为 13%。中国个人所得税占比保持平稳，约为 7%。巴西个人所得税占比在 2006 年前停留在较低水平，2007 年急速上升到 7% 左右。

图 7 – 18 介绍了"金砖五国"个人所得税税收收入在国内生产总值中的占比。南非个税收入占 GDP 的比重仍然最高，2014 年达到 9%。俄罗斯个税占比略有上升，基本保持平稳，约为 3.5%。印度个税收入占比缓慢上升，2013 年达到 2%。中国保持平稳，略低于印度，约为 1.7%。

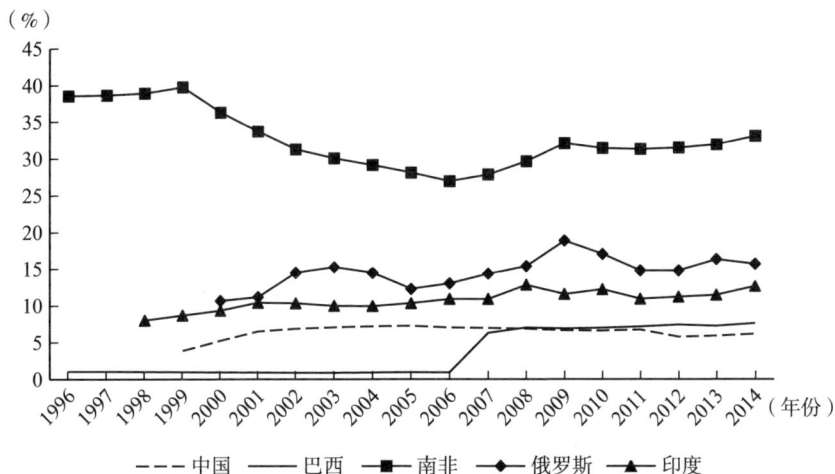

图 7－17　"金砖五国"个人所得税占税收收入比例

资料来源：中国数据来自中经网；俄罗斯、南非数据来自 IMF 数据库；巴西数据来自 OECD 数据库。

印度数据：1996—2000 年来源于 Indian Public Finance Statistics 2004 – 05；

2001—2007 年来源于 Indian Public Finance Statistics 2008 – 09；

其他年份数据来源于 Indian Public Finance Statistics 2015 – 16。

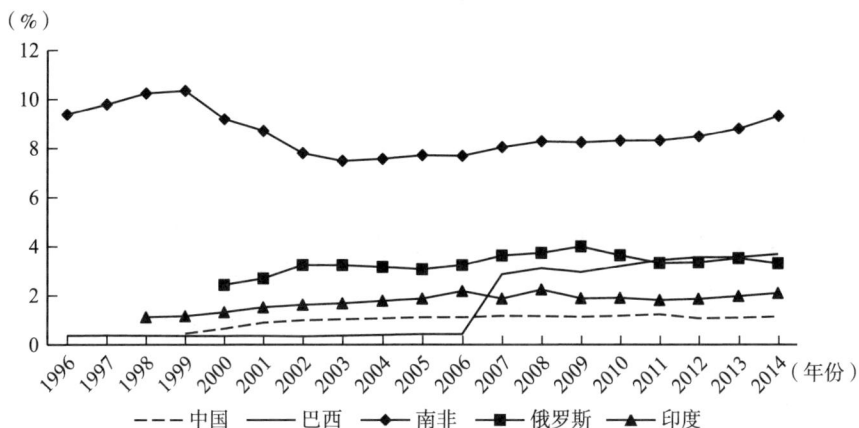

图 7－18　"金砖五国"个人所得税占 GDP 比例

资料来源：中国数据来自中经网；俄罗斯、南非数据来自 IMF 数据库；巴西数据来自 OECD 数据库。

印度数据：1996—2000 年来源于 Indian Public Finance Statistics 2004 – 05；

2001—2007 年来源于 Indian Public Finance Statistics 2008 – 09；

其他年份数据来源于 Indian Public Finance Statistics 2015 – 16。

　　综上所述，从国际对比来看中国的个人所得税占比较低，不仅与发达国家有较大差距，而且与金砖国家相比也有一些差距。

2. 一般商品和服务税

从 OECD 国家平均值来看，一般商品和服务税是第二大税种，主要包括增值税（Value - Added Tax）或销售税（Sales Tax）。[1] 图 7 - 19 介绍了 6 个主要发达国家一般商品和服务税占税收收入比重的变化。从图 7 - 19 中可以看出，美国的一般商品和服务税的所占比重最小，占比常年为 7% 左右；澳大利亚在 1999 年之前与美国所占比重大致相同，在 2000 年大幅上涨为 13%；英国所占比重逐年波动上升，由 1965 年的 6% 上涨为 2014 年的 21%；加拿大与德国的所占比重基本处于平稳状态，常年分别为 14% 和 15% ~ 19%；日本所占比重在 1990 年为 4%，在 2014 年上涨为 12%。

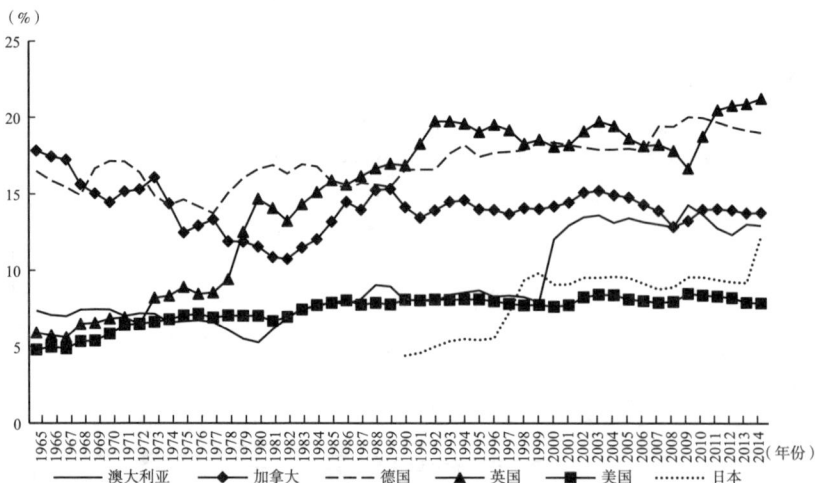

图 7 - 19　主要发达国家一般商品和服务税占税收收入比重

资料来源：OECD 数据库。

图 7 - 20 介绍了主要发达国家一般商品和服务税占 GDP 比重变化。从图 7 - 20 中可以看出，美国的占比最低，常年约为 2%；澳大利亚在 2000 年大幅上升为 4%；英国由 1965 年的 2% 逐渐上升为 2014 年的 7%；德国和加拿大较为平稳，分别保持在 6% 和 5% 左右；日本由 1990 年的 1% 上升为 2014 年的 4%。

---

[1] 如美国一般商品和服务税为销售税，而英国等欧洲国家的一般商品和服务税为增值税。

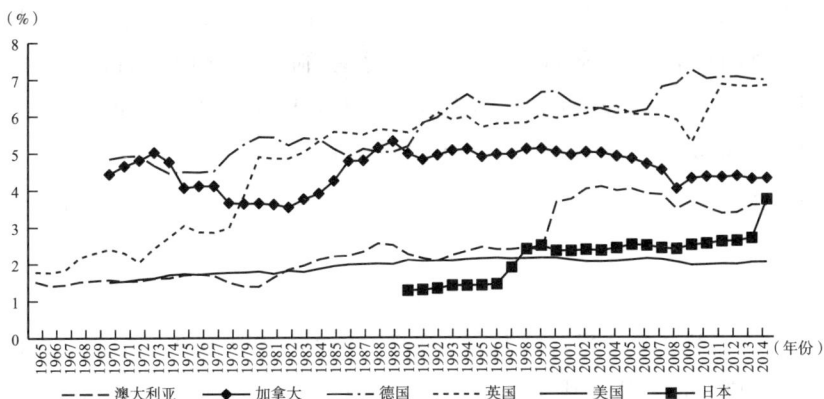

图 7 - 20   主要发达国家一般商品税占 GDP 比重

资料来源：OECD 数据库。

图 7 - 21 介绍了"金砖五国"一般商品和服务税占税收收入比重变化。从图 7 - 21 中可以看出，印度占比由 2001 年的 50% 下降至 2002 年的 30%，2007 年又上升至 50%，其余年份基本保持在 50%；巴西由 1995 年的 44% 下降至 38%；南非较为平稳，基本保持在 25%；俄罗斯占比基本保持在 20% ~ 30%；中国占比由 1995 年的 43% 下降为 2015 年的 25%，2016 年又上升为 31%。

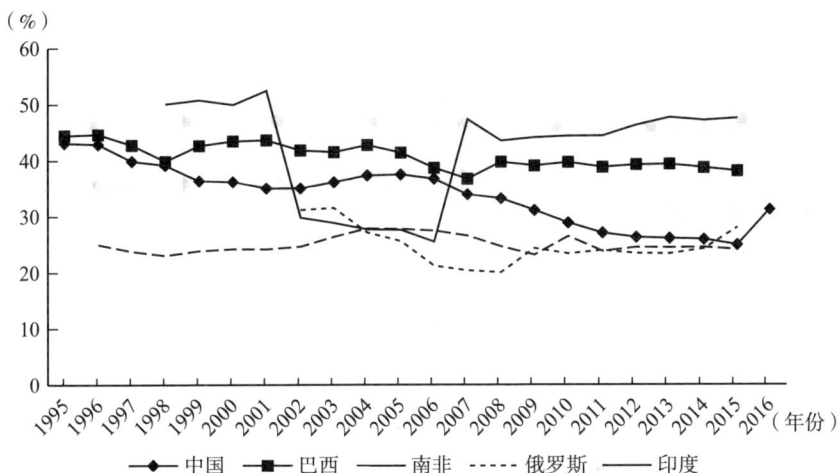

图 7 - 21   "金砖五国"一般商品和服务税占税收收入比重

资料来源：中国数据来自中经网；俄罗斯、南非数据来自 IMF 数据库；巴西数据来自 OECD 数据库。

印度数据：1996 —2000 年来源于 Indian Public Finance Statistics 2004 - 05；

2001 —2007 年来源于 Indian Public Finance Statistics 2008 - 09；

其他年份数据来源于 Indian Public Finance Statistics 2015 - 16。

图7-22介绍了"金砖五国"一般商品税占GDP比重变化。从图7-22中可以看出，印度占比在5%～8%之间波动；巴西和南非较为平稳，基本保持在13%和6%；俄罗斯的占比也较为平稳，基本在5%上下波动；中国也较为平稳，常年保持在5%。

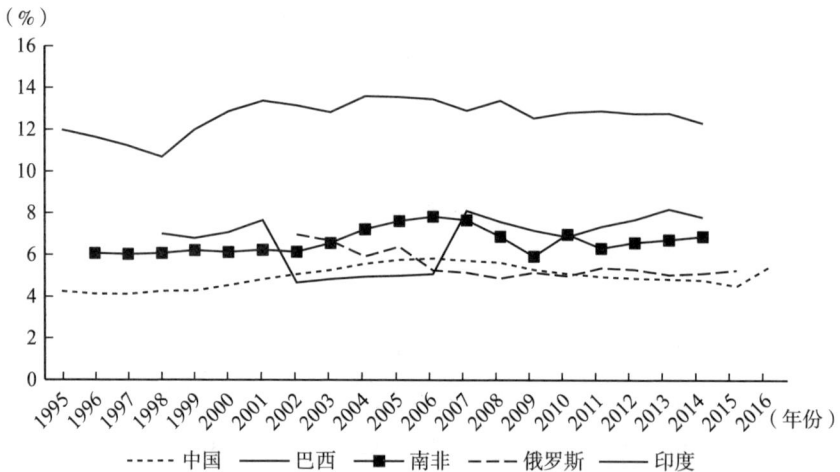

图7-22 "金砖五国"一般商品和服务税占GDP比重

资料来源：中国数据来自中经网；俄罗斯、南非数据来自IMF数据库；巴西数据来自OECD数据库。

印度数据：1996—2000年来源于Indian Public Finance Statistics 2004-05；

2001—2007年来源于Indian Public Finance Statistics 2008-09；

其他年份数据来源于Indian Public Finance Statistics 2015-16。

3. 企业所得税

从OECD国家平均值来看，企业所得税是第三大税种，图7-23介绍了1965—2014年6个主要发达国家企业所得税占税收收入比重的变化。从图7-23中可以看出，德国企业所得税占比最低，且常年在4%～7%之间波动，总体来说较为平稳。加拿大和美国的企业所得税比重有着相似的变化趋势，加拿大由14%下降为10%，美国由16%下降为8%。英国呈现出先上升后下降的趋势，由1965的4%逐渐上升为1989年的12%，之后又逐步下降，2014年降至7%。澳大利亚先降后升，从20世纪80年代中期以来波动上升，2014年为17%。日本则大致为下降趋势，由20世纪90年代初的22%下降为2014年的12%。

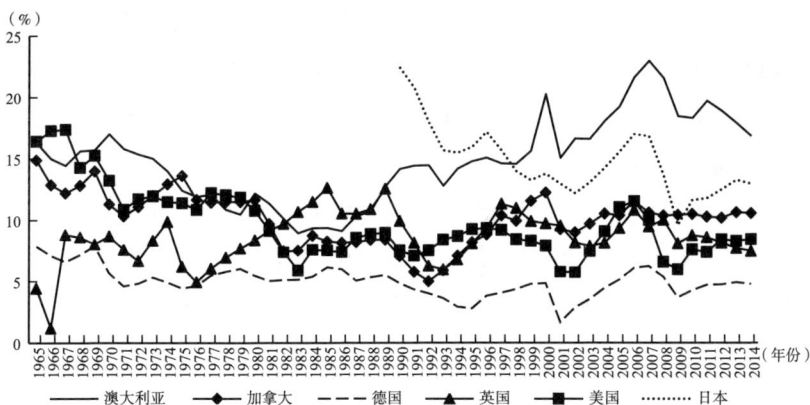

图 7 - 23　主要发达国家企业所得税占税收收入的比重

资料来源：OECD 数据库。

图 7 - 24 介绍了 1965 —2014 年主要发达国家企业所得税占 GDP 比重变化。从图 7 - 24 中可以看出，德国占比最低，常年约为 1.5%；加拿大和美国较为平稳，前者基本保持在 3%，后者为 2%；英国在波动中先升后降，2014 年达到 2.4%；澳大利亚由 1965 年的 3% 逐渐上升为 2014 年的 5%；日本则从 1990 年 6% 下降为 2014 年的 4%。

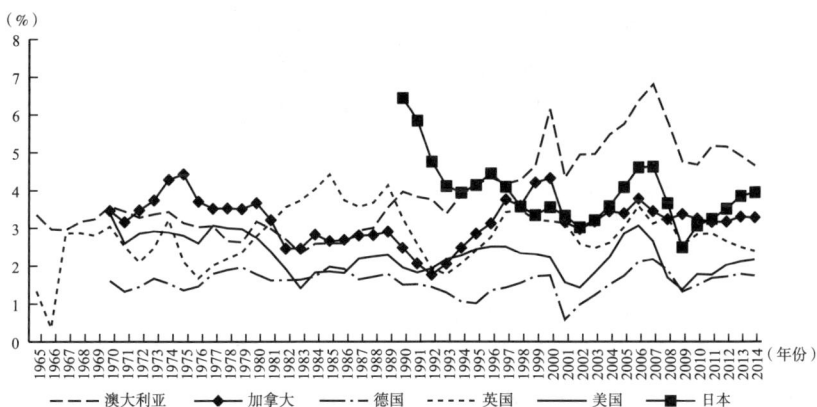

图 7 - 24　主要发达国家企业所得税占 GDP 的比重

资料来源：OECD 数据库。

图 7-25 介绍了 1995—2016 年"金砖五国"企业所得税占税收收入比重变化。从图 7-25 中可以看出，巴西的占比最少但呈现出上升趋势，1995 年为 7%，2005 年逐渐上至 10%，并稳定在 10% 的水平；印度的占比先升后降，由 1998 年的 9% 上升为 2010 年的 24%，2015 年又降为 20%；中国由 2005 年的 18% 波动上升为 2014 年的 20.6%；俄罗斯占比由 2002 年的 18% 上升为 2006 年的 24%，2013 年又逐渐下降为 13%；南非所占比重最大，由 1996 年的 14% 上升为 2008 年的 28%，2015 年又下降为 18%。

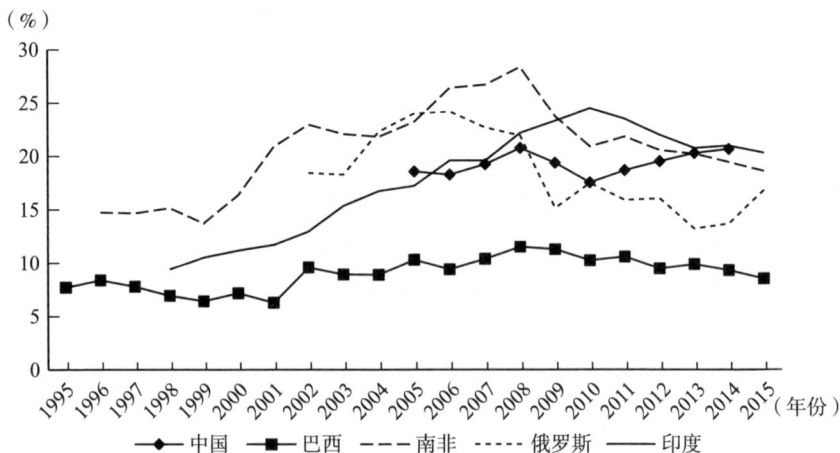

图 7-25 "金砖五国"企业所得税占税收收入的比重

资料来源：中国数据来自中经网；俄罗斯、南非数据来自 IMF 数据库；巴西数据来自 OECD 数据库。

印度数据：1996—2000 年来源于 Indian Public Finance Statistics 2004-05；

2001—2007 年来源于 Indian Public Finance Statistics 2008-09；

其他年份数据来源于 Indian Public Finance Statistics 2015-16。

图 7-26 介绍了 1995—2015 年"金砖五国"企业所得税占 GDP 比重变化。从图 7-26 中可以看出，巴西、印度和中国 3 国的占比都呈上升趋势，巴西由 1995 年的 2% 逐渐稳定上升为 2014 年的 3%，中国由 2005 年的 3% 上升为 2014 年的 4%，印度由 1998 年的 1% 上升为 2014 年的 3.5%。俄罗斯占比波动较大，由 2003 年的 4% 上升为 2005 年的 6%，2015 年又逐渐下降为 3%；南非所占比重最大，由 1996 年的 3% 上升为 2008 年的 8%，2014 年又下降为 5%。

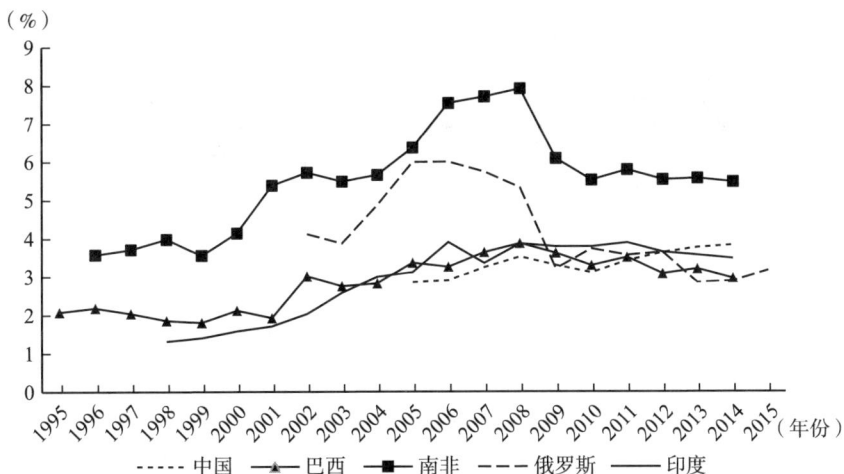

图 7 – 26 "金砖五国"企业所得税占 GDP 的比重

资料来源：中国数据来自中经网；俄罗斯、南非数据来自 IMF 数据库；巴西数据来自 OECD 数据库。

印度数据：1996—2000 年来源于 Indian Public Finance Statistics 2004 – 05；

2001—2007 年来源于 Indian Public Finance Statistics 2008 – 09；

其他年份数据来源于 Indian Public Finance Statistics 2015 – 16。

综上所述，从国际对比来看，中国的企业所得税占比较高，不仅高于大部分发达国家，而且与金砖国家相比占比也较高。

4. 财产税

图 7 – 27 介绍了 6 个主要发达国家财产税占税收收入比重的变化。从图 7 – 27 中可以看出，德国财产税占比最低，且从 1965 年以来有下降的趋势，近些年来维持在 2% 左右。加拿大、英国、美国 3 个国家财产税比重有着相似的变化趋势和相近的占比，2014 年都在 12% 左右。澳大利亚和日本稍微低于上面 3 个国家，常年占 9% 左右。

图 7 – 28 介绍了主要发达国家财产税占 GDP 比重变化。从图 7 – 28 中可以看出，德国占比最低，约为 1%；英国在 20 世纪 90 年代初有个巨大的下降，之后缓慢上升，最终达到 2014 年的 4% 左右；加拿大仅次于英国，且波动较小；美国财产税基本稳定在 3% 左右；澳大利亚和日本比重非常接近，均约为 2.5%。

（%）

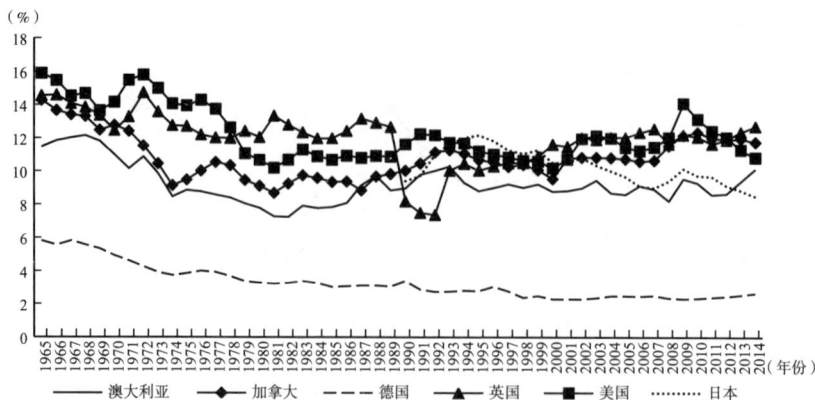

图 7 - 27　主要发达国家财产税占税收收入比重变化

资料来源：OECD 数据库。

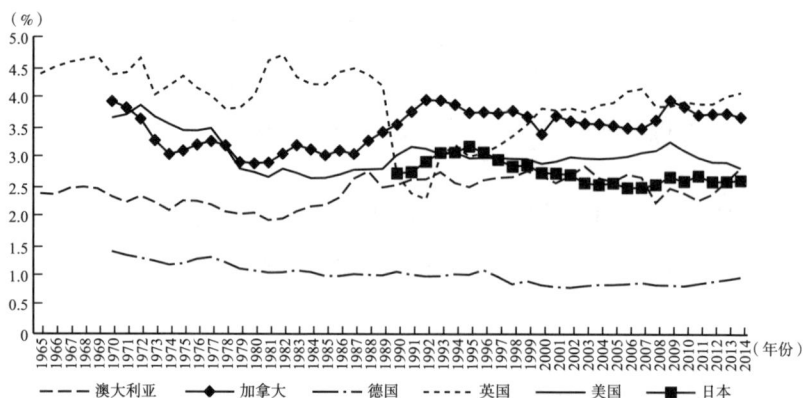

图 7 - 28　主要发达国家财产税占 GDP 比重变化

资料来源：OECD 数据库。

　　图 7 - 29 介绍了"金砖五国"财产税占税收收入比重变化。从图 7 - 29 中可以看出，印度财产税收入非常低，几乎为零。中国、巴西、南非、俄罗斯 4 国比重近些年来趋于相近，都约为 6%。

　　图 7 - 30 介绍了"金砖五国"财产税占 GDP 比重变化。巴西在 2007 — 2008 年占比降幅较大，其后保持稳定约为 1.8%；南非稳定中略有增长，2014 年达到 1.5%；俄罗斯的占比在 2007 年迅速增长后急剧下降，最终稳定在 1% 左右；中国自 2007 年缓慢增长最终达到 1% 左右。

（%）

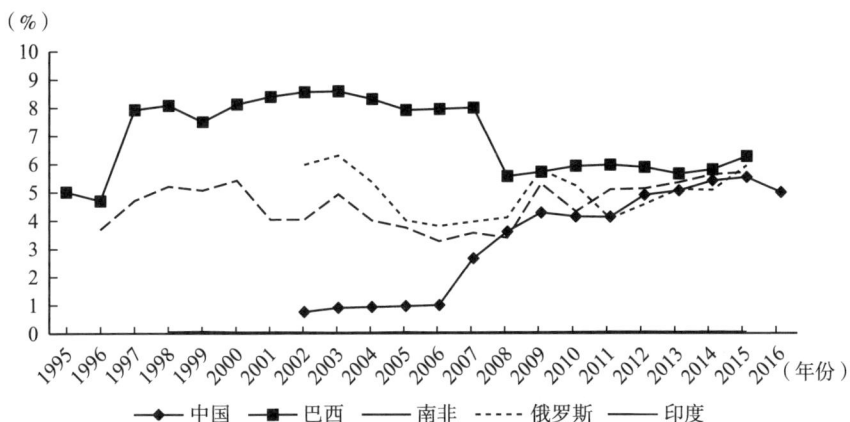

图 7 – 29　"金砖五国"财产税占税收收入比重变化

注：中国财产税由以下几个税种收入加总计算而得：房产税、城镇土地使用税、车船税以及耕地占用税。

资料来源：中国数据来自中经网；俄罗斯、南非数据来自 IMF 数据库；巴西数据来自 OECD 数据库。

印度数据：1996 —2000 年来源于 Indian Public Finance Statistics 2004 – 05；

2001 —2007 年来源于 Indian Public Finance Statistics 2008 – 09；

其他年份数据来源于 Indian Public Finance Statistics 2015 – 16。

（%）

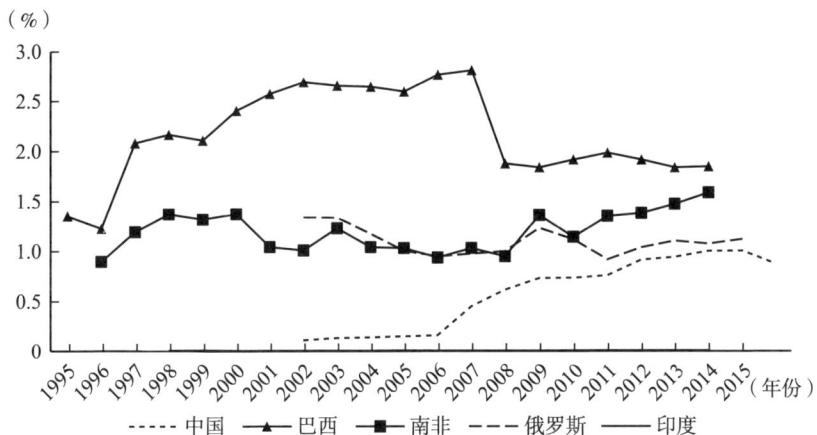

图 7 – 30　"金砖五国"财产税占 GDP 比重变化

注：中国财产税由以下几个税种收入加总计算而得：房产税、城镇土地使用税、车船税以及耕地占用税。

资料来源：中国数据来自中经网；俄罗斯、南非数据来自 IMF 数据库；巴西数据来自 OECD 数据库。

印度数据：1996 —2000 年来源于 Indian Public Finance Statistics 2004 – 05；

2001 —2007 年来源于 Indian Public Finance Statistics 2008 – 09；

其他年份数据来源于 Indian Public Finance Statistics 2015 – 16。

综上所述，从国际对比来看，中国的财产税占比较低，不仅与发达国家有较大差距，而且与金砖国家相比也有一些差距。

7.3 小 结

本章介绍了中国税收规模和结构的历史演变，并就三大税类以及主要税种做了简单的国际比较。从税收规模来看，近年来我国税收规模比较稳定，占 GDP 比例在 18% 左右。

从税收结构来看，我国形成了流转税和所得税并重的复合税制。在流转税中以增值税为核心，占税收收入比重约为40%；在所得税中以企业所得税为主，占税收收入比重约为22%。从国际比较来看，个人所得税和财产税占比略低，而企业所得税占比略高。

第 8 章

中国税制改革的未来走向

8.1 国家治理视角下中国税制建设方向

本节将从现实背景出发，介绍经过 40 年税制改革之后的税收体系现状，从而归纳出国家治理视角下中国税制建设的未来走向。

8.1.1 现实背景

1994 年分税制改革后，营业税和增值税都是地方税收收入的主要来源。图 8 – 1 给出了 2002—2017 年地方分享的营业税和增值税占地方税收收入的比例。从图 8 – 1 中可以看出，在 2016 年"营改增"全面推行之前，地方分享的营业税占地方税收收入 1/3 左右，地方分享的增值税收入占比为 18% 左右。因此，地方政府的税收收入非常依赖于营业税收入。

但自 2016 年 5 月"营改增"在全国全面推行后，营业税被取消，地方政府的主体税种也因此缺失。为此出台了一项中央和地方增值税收入划分的过渡方案，规定增值税由中央和地方的"75∶25"分成改为"50∶50"分成。[①] 图 8 – 2 给出了 2002—2017 年国内增值税在中央和地方的分成比例。从图 8 – 2 中可知，在 2012 年之前，增值税在中央和地方之间的实际

---

① 国务院. 全面推开"营改增"试点后调整中央与地方增值税收入划分过渡方案的通知 [Z]. 2016 – 04 – 29.

分成比例基本是 75∶25，但随着 2012 年"营改增"试点的推行，中央的实际分成比例有所下降，如 2013 年为 71%、2016 年为 54%、2017 年为 50%。

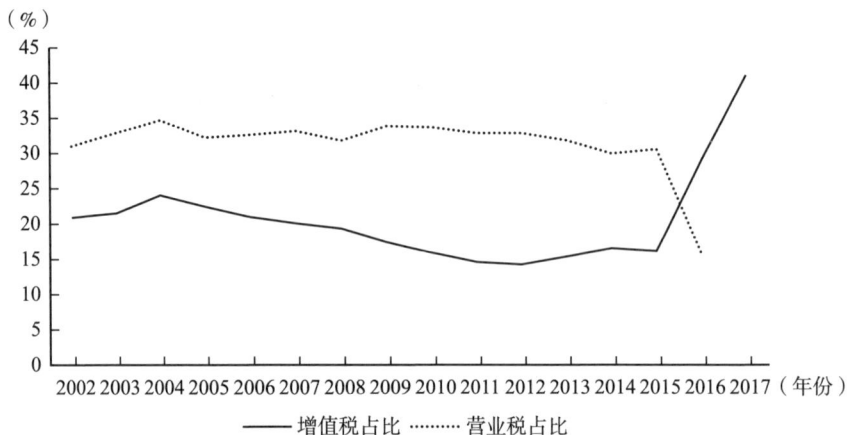

图 8 – 1　地方分享的营业税和增值税占地方税收收入的比例（2002 —2017 年）

资料来源：2002 —2016 年数据来自中经网统计数据库；2017 年数据来自财政部网站：http：//yss. mof. gov. cn/qgczjs/201807/t20180712_2959591. html。

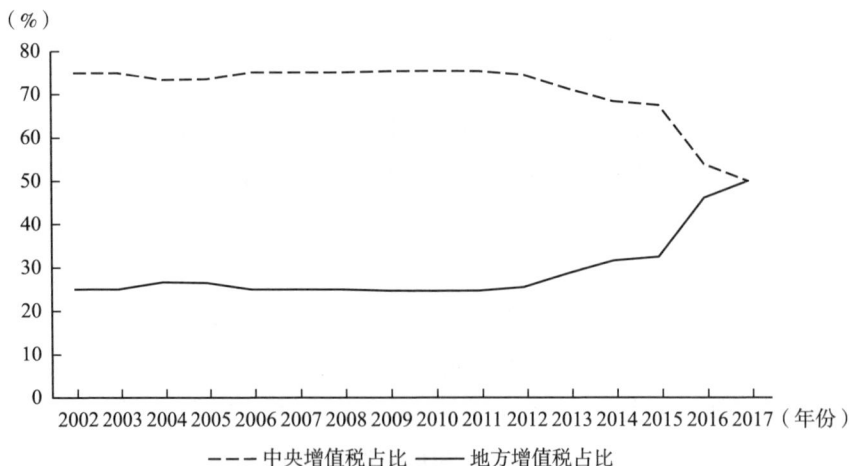

图 8 – 2　增值税在中央和地方的分成比例（2002 —2017 年）

资料来源：2002 —2016 年数据来自中经网统计数据库；2017 年数据来自财政部网站：http：//yss. mof. gov. cn/qgczjs/201807/t20180712 _ 2959587. html，http：//yss. mof. gov. cn/qgczjs/201807/t20180712_2959591. html。

　　增值税分成比例的调整，是否能够完全弥补取消营业税对地方政府带来的税收收入占比下降的损失呢？图 8 – 3 给出了 2002 —2017 年中央和地方税收入占全国总税收收入的比例。从图 8 – 3 中可以看出，"营改增"全面推行后，地方税收收入占全国税收收入的比例有所下降，从 2016 年的 50% 下降到 2017 年的 48%。

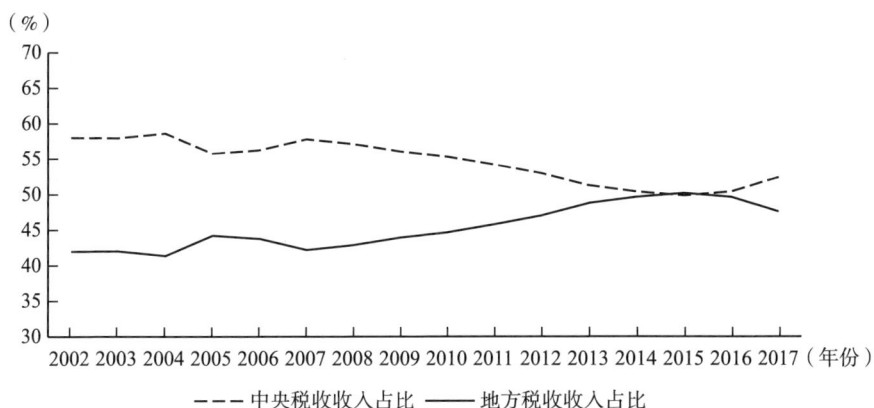

图 8 – 3　中央和地方税收收入占全国税收收入比重（2002 —2017 年）

资料来源：2002 —2016 年数据来自中经网统计数据库；2017 年数据分别来自财政部网站：http：//yss. mof. gov. cn/qgczjs/201807/t20180712 _ 2959587. html，http：//yss. mof. gov. cn/qgczjs/201807/t20180712_2959591. html。

表 8 – 1 给出了 2017 年（即"营改增"全国推行后的第一年）中央和地方各税种收入，以及各税种在中央和地方之间的分享情况。地方税中主要有房产税、城镇土地使用税、土地增值税、车船税、耕地占用税、契税和烟叶税等。

表 8 – 1　　2017 年中央和地方各税种收入占该税种总收入的比重

项　目	全　国 （亿元）	中　央 （亿元）	地　方 （亿元）	中央占比 （%）	地方占比 （%）
税收收入	144369.9	75697.15	68672.72	52.43	47.57
国内增值税	56378.18	28166.02	28212.16	49.96	50.04
国内消费税	10225.09	10225.09		100.00	0.00
进口货物增值税	15284.77	15284.77		100.00	0.00

项　目	全　国 （亿元）	中　央 （亿元）	地　方 （亿元）	中央占比 （％）	地方占比 （％）
进口货物消费税	685.9	685.9		100.00	0.00
出口货物退增值税	-13855.2	-13855.2		100.00	0.00
出口货物退消费税	-15.22	-15.22		100.00	0.00
企业所得税	32117.29	20422.79	11694.5	63.59	36.41
个人所得税	11966.37	7180.73	4785.64	60.01	39.99
资源税	1353.32	42.78	1310.54	3.16	96.84
城市维护建设税	4362.15	158.03	4204.12	3.62	96.38
房产税	2604.33		2604.33	0.00	100.00
印花税	2206.39	1068.5	1137.89	48.43	51.57
其中：证券交易印花税	1068.5	1068.5		100.00	0.00
城镇土地使用税	2360.55		2360.55	0.00	100.00
土地增值税	4911.28		4911.28	0.00	100.00
车船税	773.59		773.59	0.00	100.00
船舶吨税	50.4	50.4		100.00	0.00
车辆购置税	3280.67	3280.67		100.00	0.00
关税	2997.85	2997.85		100.00	0.00
耕地占用税	1651.89		1651.89	0.00	100.00
契税	4910.42		4910.42	0.00	100.00
烟叶税	115.72		115.72	0.00	100.00
其他税收收入	4.08	3.99	0.09	97.79	2.21

资料来源：财政部网站：《2017 年中央一般公共预算收入决算表》，http：//yss. mof. gov. cn/qgczjs/201807/t20180712_2959587. html；《2017 年地方一般公共预算收入决算表》，http：//yss. mof. gov. cn/qgczjs/201807/t20180712_2959591. html。

　　图 8-4 给出了 2017 年地方各税种占地方税收收入的比例情况。从图 8-4 中可以看出，增值税代替营业税成为地方税收收入的第一大来源，占比 41%；[①] 在地方税收收入中，第二大税种为企业所得税，占比 17%；

――――――――――

　　① 从图 8-1 中可以看出，2002—2015 年（即"营改增"全面推行之前），营业税和增值税之和占地方税收收入的比重平均为 50%。这也从另一个侧面说明，增值税分成比例的调整，并不能完全弥补取消营业税造成的地方税收收入占比的下降。

土地增值税和契税并列第三，占比 7.15%；接下来就是个人所得税，占比 6.97%；城建税紧随其后，占比为 6.12%；其余税种皆低于 5%；烟叶税和其他税种占比最低，不足 1%，对地方税收收入的贡献很小。

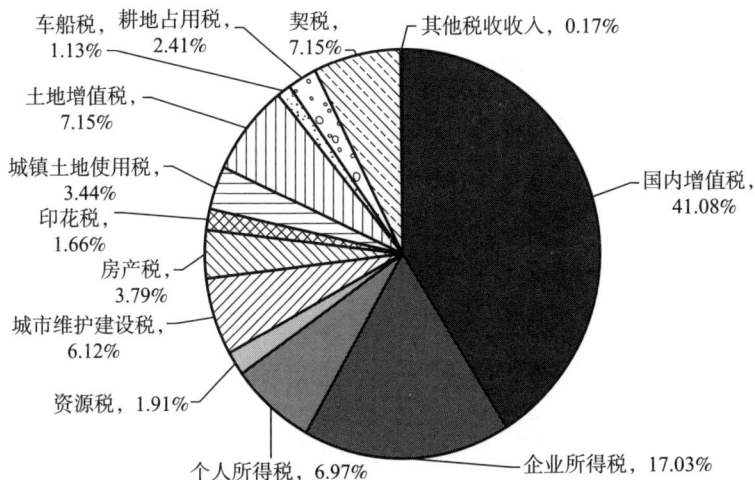

图 8 - 4　地方各税种占地方税收收入的比例（2017 年）

注：其他税收收入中包括烟叶税（0.168%）和其他税收收入。
资料来源：财政部网站：《2017 年地方一般公共预算收入决算表》，http：// yss. mof. gov. cn/ qgczjs/201807/t20180712_2959591. html。

8.1.2　建设方向

营业税被取消，地方政府的主体税种也因此缺失。虽然相应地出台了增值税分成比例调整方案，但一方面，这仅仅是一个过渡期暂定 2 ~ 3 年的短期方案，之后需要根据地方税体系建设等改革进展，适时调整；另一方面，根据上文的分析可知，该增值税分成比例调整方案，并不能完全弥补地方政府税收收入占比的下降。

2013 年，中共十八届三中全会《关于全面深化改革若干重大问题的决定》，首次提出 "财政是国家治理的基础和重要支柱"，在完善税收制度方面，提出要 "完善地方税系"。2017 年，中共十九大报告提出了中国发展新的历史方位——中国特色社会主义进入了新时代，并在深化税收制度改革中，又一次提出要 "健全地方税体系"（习近平，2017）。可见，地方税系的建设工作已经刻不容缓。

中国未来税制建设方向，将围绕健全地方税体系展开。而中央和地方两个积极性也将成为税制改革的重要约束条件。地方税体系一方面涉及中央和地方财政关系，对发挥中央和地方两个积极性非常重要，也会对地方政府行为产生重大影响；另一方面，与之相关联的税制改革，又都嵌入经济、社会、生态的各个环节：如直接税中的个人所得税和房地产税的改革，不仅反映出税收制度优化资源配置和嵌入经济的功能，而且也反映出税收制度调节收入分配和嵌入社会的功能；间接税中的环境保护税，也反映出绿色税收体系和嵌入生态的功能。因此，未来税制改革必将体现"财政是国家治理的基础和重要支柱"的指导思想，成为推动国家治理现代化的重要助力。

8.2　地方税体系建设

地方税体系建设包括哪些内容呢？不少学者对此进行了研究。本节将从直接税和间接税两个角度进行梳理和总结，具体包括个人所得税、房地产税、环境保护税、销售税和增值税分成改革五个方面。

8.2.1　个人所得税

从直接税角度来看，高培勇（2018）提出，以直接税改革对接"健全地方税体系"。其中，直接税改革主要涉及个人所得税和房地产税，而这两个税种都是可以作为地方税主体税种或主要税种的选项进入地方税体系的。[①]

2018年修正的个人所得税法，对部分劳动所得实行综合征收，已经迈出了综合与分类相结合的一步。之后个人所得税制的改革方向，是继续完善综合与分类相结合的制度，充分发挥其调节收入分配的作用。也有研究指出，在个税改革中应考虑家庭收入差异，采用以家庭为单位的个人所得税征收模式，缩小家庭收入差距（刘怡、李智慧和耿志祥，2017）。

---

① 张平和侯一麟（2016）指出，不同区域和家庭的房地产税支付能力差异悬殊，突出了房地产税的地方税特征。

8.2.2　房地产税

目前，我国以房产和城镇土地为征税对象，定期征收的财产税有房产税和城镇土地使用税。房产税依照房产原值一次减除 10% ~ 30% 后的余值计算缴纳，税率为 1.2%；依照房产租金收入计算缴纳的，税率为 12%。[①] 城镇土地使用税以纳税人实际占用的土地面积为计税依据，依照规定税额计算征收，采用定额税率。[②] 房产税对房产原值进行课税，土地使用税采取定额税率，因此上述两个税种的税收收入不会随着房价和地价的上涨而上升。

房产税和城镇土地使用税均属于地方税，图 8 - 5 给出了房产税和城镇土地使用税占地方税收收入的比重。虽然房价和地价在近年来有快速的上涨，但房产税和土地使用税占地方税收收入的比重在 2007 — 2017 年变化却不大。房产税的占比从 2007 的 3% 上升至 2017 年的 3.8%；土地使用税的占比从 2007 年的 2% 上升至 2017 年的 3.4%。2017 年，两税之和占地方税收收入的比例为 7.2%，相当于地方税体系中第三大税种的规模，即土地增值税和契税的规模。

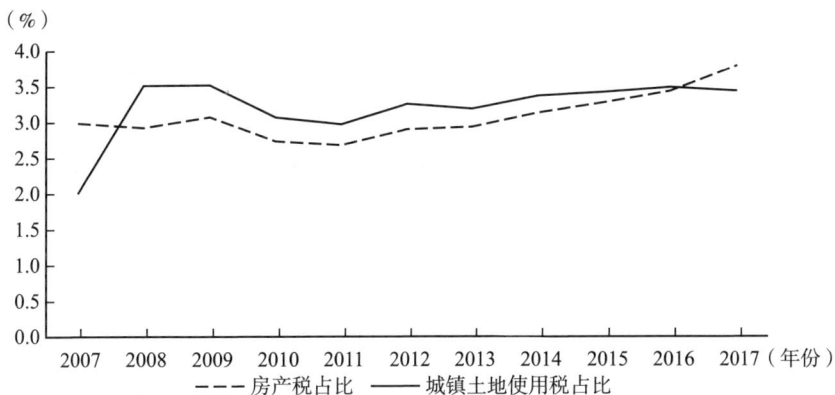

图 8 - 5　房产税和城镇土地使用税占地方税收收入的比重

资料来源：2007 — 2016 年数据来自中经网统计数据库；2017 年数据来自财政部网站，http：//yss. mof. gov. cn/qgczjs/201807/t20180712_2959591. html。

---

① 国务院. 中华人民共和国房产税暂行条例（2011 修订）[Z]. 2011 - 01 - 08.

② 土地使用税每平方米年税额如下：大城市 1.5 ~ 30 元，中等城市 1.2 ~ 24 元，小城市 0.9 ~ 18 元，县城、建制镇、工矿区 0.6 ~ 12 元。见国务院. 中华人民共和国城镇土地使用税暂行条例（2013 修订）[Z]. 2013 - 12 - 07。

2011 年，我国在上海和重庆开展个人住宅房产税试点，标志着我国房产税的发展进入了新时期。

上海试行的个人住宅房产税具有以下特征：①征收对象是本市居民家庭在本市新购且属于该居民家庭第二套及以上的住房和非本市居民家庭在本市新购的住房；②房产税暂按应税住房市场交易价格的 70% 计算缴纳，税率分为 0.4% 和 0.6% 两档；③本市居民家庭在本市新购且属于该居民家庭第二套及以上住房的，合并计算的家庭全部住房面积人均不超过 60 平方米（即免税住房面积，含 60 平方米）的，其新购的住房暂免征收房产税。①

重庆试行的个人住宅房产税具有以下特征：①征收对象为个人拥有的独栋商品住宅，个人新购的高档住房，在重庆市同时无户籍、无企业、无工作的个人新购的第二套（含第二套）以上的普通住房。②税率有 0.5%、1% 和 1.2% 三档税率；③纳税人在本办法施行前拥有的独栋商品住宅，免税面积为 180 平方米；新购的独栋商品住宅、高档住房，免税面积为 100 平方米。② 从 2017 年开始，在重庆市同时无户籍、无企业、无工作的个人新购的首套及以上的普通住房，也要被征收房产税。③

表 8 - 2 显示了 2000 年以来重庆和上海房产税的收入。在个人住宅房产税引入初期，房产税收入的增长较快：例如，2011 年和 2012 年，重庆房产税收入分别增长了 49% 和 31%，而上海的房产税则在 2011 年和 2012 年分别增长了 18% 和 26%。从房产税的规模来看，重庆房产税收入占税收总收入的比例在 2000 年为 3.44%、2010 年为 2.26%、2016 年为 3.95%。2000 年上海房产税占税收总收入的比重为 3.22%，2010 年为 2.3%、2017 年为 3.47%。尽管两市引入了个人住宅房产税，但由于税率较低，且存在诸多税收减免，房产税的规模仍然不大。④

---

① 上海市人民政府. 上海市开展对部分个人住房征收房产税试点的暂行办法 ［Z］. 2011 - 01 - 28.

② 重庆市人民政府. 重庆市人民政府关于进行对部分个人住房征收房产税改革试点的暂行办法和重庆市个人住房房产税征收管理实施细则 ［Z］. 2011 - 01 - 28.

③ 重庆市人民政府. 重庆市人民政府关于修订《重庆市关于开展对部分个人住房征收房产税改革试点的暂行办法》和《重庆市个人住房房产税征收管理实施细则》的决定 ［Z］. 2017 - 01 - 13.

④ 郭玲、刘跃（2011）认为，目前沪、渝的房产税对于改善地方财政收入状况作用有限。

表8-2　　　　　　　　　　　　　重庆和上海房产税收入情况

年份	重　庆				上　海			
	房产税收入（亿元）	增长率（%）	当地政府税收总收入（亿元）	房产税收入占当地政府税收总收入比重（%）	房产税收入（亿元）	增长率（%）	当地政府税收总收入（亿元）	房产税收入占当地政府税收总收入比重（%）
2000	2.54		73.94	3.44	13.24		410.63	3.22
2001	2.89	13.78	87.39	3.31	14.66	10.73	458.28	3.20
2002	3.64	25.95	101.63	3.58	19.68	34.24	554.7	3.55
2003	4.21	15.66	119.37	3.53	22.41	13.87	863.68	2.59
2004	4.65	10.45			27.08	20.84	842.74	3.21
2005	5.75	23.66			34.1	25.92		
2006	6.55	13.91			42.68	25.16		
2007	7.15	9.16	294.46	2.43	42.83	0.35	1975.48	2.17
2008	9.33	30.49	360.29	2.59	52.22	21.92	2223.43	2.35
2009	12.13	30.01	435.62	2.78	62.9	20.45	2368.45	2.66
2010	14.02	15.58	621.56	2.26	62.3	-0.95	2707.8	2.30
2011	20.89	49.00	881.07	2.37	73.66	18.23	3172.72	2.32
2012	27.43	31.31	970.17	2.83	92.56	25.66	3426.79	2.70
2013	31.4	14.47	1112.62	2.82	93.05	0.53	3797.16	2.45
2014	40.37	28.57	1281.83	3.15	99.95	7.42	4219.05	2.37
2015	52.46	29.95	1450.93	3.62	123.81	23.87	4858.16	2.55
2016	56.88	8.43	1438.45	3.95	170.96	38.08	5625.9	3.04
2017			1476		203.7	19.15	5865.5	3.47

资料来源：2000—2016年重庆市数据来自中国统计局数据库：http：//data.stats.gov.cn/easyquery.htm？cn＝E0103；

2000—2016年上海市数据来自：http：//data.stats.gov.cn/easyquery.htm？cn＝E0103；

上海市2017年数据来自《上海市全市及市本级2018年预算和2017年预算执行情况》：http：//www.czj.sh.gov.cn/zys_8908/czsj_9054/zfyjs/yjsbg_9056/201801/t20180129_176969.shtml。

　　考虑到个人住宅房产税的收入规模，一些学者认为，房产税不能成为地方税系的主体税种，而应与其他税种组合。如郭庆旺和吕冰洋（2013）认为，在中国目前经济社会运行背景下，新房产税的设计一定是低税率和较大免征范围的结合，其在相当长时间内不能充当主体税种。对此，他们提出了用两套房产税和其他税种的组合方案来建设地方税系：零售税＋个人所得税＋房产税，以及增值税分成＋个人所得税＋房产税，在第二套方案中增值税分成的依据改为当地社会消费品总额占全国社会消费品的比例。葛静（2015）提出，将"房地产税＋土地增值税＋资源税"的税收组合作为我国地方税体系建设的长期方案。朱青（2014）在借鉴国外地方税体系经验的基础上，分析了中国在营业税淡出后地方税体系的建设问题，提出不能将房产税和企业所得税作为地方主体税种。

之后房地产税的改革方向，是在总结上海和重庆个人住宅房产税试点的基础上，加快房地产税立法并适时推进改革。[①] 蒋震、高培勇（2014）提出，我国应当渐进式地推进房产税改革，税收征管上应坚持"先落户、再拓展""先城镇、后农村"，方案选择上应采取"增量＋高档存量"方案。

值得注意的是，房产税改革不可避免地会带来收入分配效应，包括代际内的收入分配效应和代际间的收入分配效应。关于代际内的收入分配效应，詹鹏、李实（2015）通过测算发现，重庆和上海的累进税率以及按家庭总面积作为减免依据的税制能够降低收入不平等。张平和侯一麟（2016）指出，房产税调节财富差距的效应明显。在诸方案下，高收入家庭均承担总税负一半以上，其中"人均价值减免"在纵向公平、调节分配及税政实施三个维度均优于"首套减免"和"人均面积减免"。范子英和刘甲炎（2015）指出，重庆的房产税恶化了收入分配。房产税的初衷是为了遏制房价的上升势头，为中低收入阶层提供更多购房的可能性，但是在细分住房结构之后，发现与中低收入阶层对应的小面积住房价格反而大幅度上升，这些阶层不得不增加他们的储蓄（如通过压缩衣着和交通通信支出）来应对上升的房价。

关于代际间的收入分配效应，即收入在当代人和未来几代人之间的再分配。Li 和 Lin（2018）在税收总收入不变的情况下，模拟了开征个人住宅房产税，降低个人所得税，或企业所得税，或政府债务的改革方案，得

---

① 中国居民住房价值在过去十几年有了快速的上升，2014 年房地产总价值是 2004 年的 4.17 倍，占 GDP 的比例也由 2004 年的 200% 上升至 2014 年的 212%（资料来源：Wind 数据库）。

出这些改革方案虽然会提高未来几代人的福利水平，却会降低当代年轻人，尤其是老年人的福利水平。

8.2.3　环境保护税

从间接税角度来看，主要包括环境保护税、零售环节销售税，以及增值税分成改革。这些也都是可以作为地方税主体税种或主要税种的选项进入地方税体系。

我国环境保护方面的税费，长期以来一直以排污费的形式征收，如污水排污费、大气排污费、噪声排污费等。根据郭庆旺、赵志耘（2010）所述，我国预算内收入包括税收收入、专项收入和其他收入，其中专项收入包括排污费收入、城市水资源费收入、教育附加费收入等。因此，排污费收入属于我国专项收入，同时也是一项非税收入。

图 8-6 给出了我国 1991—2015 年排污费征收收入的趋势演变。从图 8-6 中可以看出，我国 1991—2008 年排污费征收收入整体呈现上升趋势，由 20 亿元上涨为 185.2 亿元。2009 年以后增速逐渐放缓，基本保持在 188 亿元上下，2013 年达到为 204 亿元，2015 年又下降到 178 亿元。

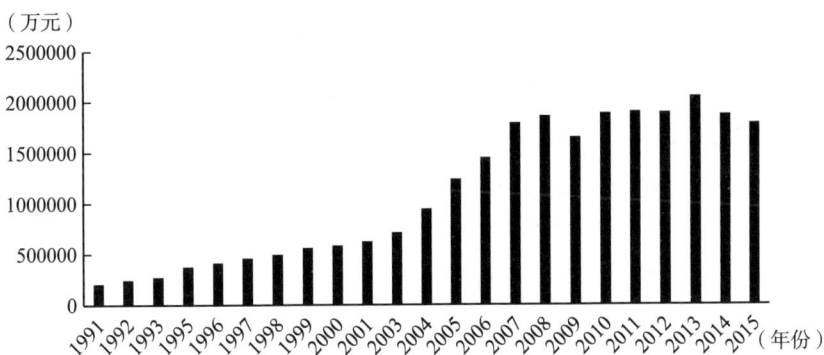

图 8-6　1991—2015 年中国排污费征收收入

资料来源：中国环境年鉴［M］. 北京：中国环境年鉴社，1991—2016.

图 8-7 给出了 2004—2015 年排污费征收收入占专项收入、非税收入比重情况。其中，排污费征收收入占专项收入比重在 2006—2007 年出现

大幅下滑，由 74.17% 下降至 14.36%，并逐年呈现下降趋势，至 2015 年为占比 2.55%；排污费征收收入占非税收入比重很低，2015 年在 1%以下。

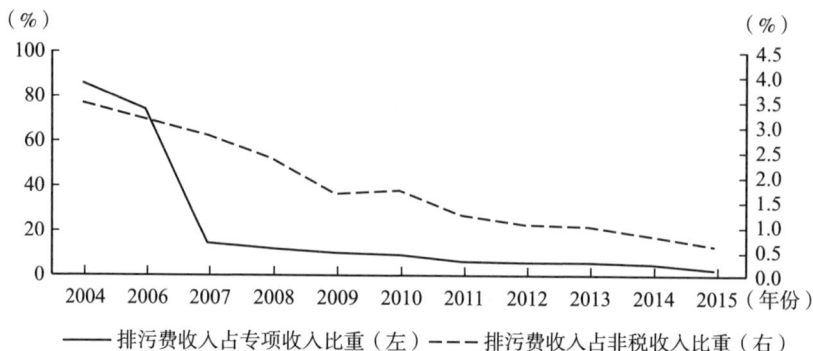

图 8-7　2004—2015 年排污费征收收入占专项收入、非税收入比重

资料来源：排污费收入来自历年《中国环境年鉴》；专项收入、非税收入来自中经网统计数据库。

从 2018 年开始，我国统一了形式多样的排污费，开征了环境保护税，共分为大气污染物、水污染物、固体废物和噪声 4 个税目。[①] 这意味着我国已经实现了由排污费制度向环境保护税制度的转变。2018 年 1—8 月累计征收环境保护税 98 亿元，占税收收入的比例为 0.08%。[②]

虽然环境税收入占比较低，但环境保护税作为绿色税收体系的代表之一，反映出了税收制度嵌入生态的功能。例如，环境税的"双重红利"假说，就包含了环境税生态功能（即减少对环境的损害）方面的理论研究。[③] 司言武（2008）对"双重红利"做出了具体的论述，"双重红利"是指用环境税来替换某些扭曲性税收，不仅约束了对环境的损害，而且也使税制的效率损失进一步降低，间接提高了社会福利，这样一种税收收入

---

①　全国人民代表大会常务委员会．中华人民共和国环境保护税法［Z］．2016-12-25．

②　财政部网站：《2018 年 8 月财政收支情况》，http：//gks. mof. gov. cn/zhengfuxinxi/tongjishu-ju/201809/t20180912_3018274. html．

③　梁伟、张慧颖和姜巍（2013）基于地方税视角（即将环境税收入全部归入地方财政收入），利用 CGE 模型对环境税"双重红利"假说进行检验，发现科学合理的税率、税收返还方式以及环境税对其他扭曲性税种的部分替代可以促进"双重红利"目标的实现。

中性的改革可能在获得环境红利的同时获得第二份经济红利。一些学者认为，环境税的征收在一定条件下是能实现"双重红利"的。李虹、熊振兴（2017）从区域层面分析了征收环境税和降低个人及企业所得税的政策效应。模拟结果表明，在短期内，各地区生态占用减少，东部地区和中部地区投资需求及就业人数增加，环境税的征收能使各地区保持经济增长。童健、武康平和薛景（2017）对环境税与其他政策的组合进行研究，发现"环境税＋绿色技术研发补贴＋生产者绿色价格补贴""环境税＋绿色技术研发补贴＋政府绿色采购""环境税＋绿色技术研发补贴＋消费者绿色价格补贴"3种组合政策均存在实现经济效益和生态效益"双重红利"的空间。范庆泉、周县华和张同斌（2016）采用Shooting方法计算鞍点路径上各个时期的均衡解，分析了动态环境税的外部效应，得出结论：渐进递增的动态环境税政策通过对能源过度使用的纠正，不但体现了促进经济增长与降低污染水平的双重红利，而且实现了整条鞍点路径上福利最大化的目标。邢斐、何欢浪（2011）从国际贸易的角度出发，认为由于国际贸易争端使得我国很难大幅度地削减国内厂商的出口配额数量，导致我国现阶段对高污染产品出口的限制措施无法实现预期政策目标，而通过对生产排污的中间产品征收环境税，可以消除贸易摩擦，促进我国绿色贸易发展，提升我国社会福利水平。陈诗一（2011）基于碳税的产出弹性，发现随着碳税征收强度的增加，工业增加值先下降然后再上升。刘凤良、吕志华（2009）基于中国数据的模拟运算，发现在开征环境税的基础上，提高居民环境偏好程度或环境边际再生能力不仅能改善环境质量，而且还能有效提高长期经济增长率，主要通过提高居民环保意识和将部分环境税收入投入污染治理两类配套措施来实现。

8.2.4 销售税

一些学者认为，可以开征零售环节的销售税（Retail Sales Tax），作为地方税体系的主要税种（吕冰洋，2013；朱青，2014）。Li、Lin和Naray-anan（2018）在税收总收入不变的情况下，模拟了开征6%、8%或10%的零售环节销售税，同时降低增值税的改革方案，得出这些改革方案虽然会提高未来几代人的福利水平，却会降低当代年轻人，尤其是老年人的福利水平。考虑补偿收入受损一代的销售税开征方案，有利于降低改革阻力，实现税制改革目标。

8.2.5　增值税分成改革

关于增值税分成机制，一些学者也进行了研究，如刘怡和袁佳（2015）提出两种思路改进增值税分享制度：一是将增值税的税权归属于中央政府，在全国进行统一征收管理；二是维持增值税中央和地方分享的性质，但改变其分享办法，综合考虑各地的消费、人口等因素制定分配公式。施文泼和贾康（2010）指出，增值税分成的依据不应仅是各地征收的增值税数额，而应在综合考虑各地的人口数量、消费能力、基本公共服务需要以及地方政府的财政收入能力等诸多因素后确定。

8.3　小　　结

本章从营业税取消的现实背景出发，总结出目前地方税收体系的现状：增值税代替营业税成为地方税收收入的第一大来源，但不能弥补营业税取消带来的地方税收收入占比的下降。地方税系的建设已经刻不容缓。

中国未来税制建设方向，将围绕健全地方税体系展开。而中央和地方两个积极性，也将成为税制改革的重要约束条件。地方税体系一方面涉及中央和地方财政关系，对发挥中央和地方两个积极性非常重要，也会对地方政府行为产生重大的影响；另一方面，与之相关联的税制改革，又都嵌入经济、社会、生态的各个环节。因此，未来税制改革必将体现"财政是国家治理的基础和重要支柱"的指导思想，成为推动国家治理现代化的重要助力。

从直接税和间接税的角度，本章梳理和总结了以下五类涉及地方税系建设的税种（或方案）：个人所得税、房地产税、环境保护税、销售税和增值税分成改革。

参 考 文 献

（一）主要期刊

[1] 安体富，王海勇. 论内外两套企业所得税制的合并 [J]. 税务研究，2005（3）：45 – 52.

[2] 安体富. 如何看待近几年我国税收的超常增长和减税的问题 [J]. 税务研究，2002（8）：10 – 17.

[3] 蔡高锐. "两法" 合并后税收如何应对企业成本约束机制缺陷 [J]. 税务研究，2007（5）：14 – 17.

[4] 陈共，袁振宇. 利改税的必然性以及税收的调节作用 [J]. 财政研究，1984（6）：17 – 24.

[5] 陈共. 财政学 [M]. 北京：中国人民大学出版社，2012.

[6] 陈诗一. 边际减排成本与中国环境税改革 [J]. 中国社会科学，2011（3）：85 – 100，222.

[7] 陈晓光. 增值税有效税率差异与效率损失——兼议对 "营改增" 的启示 [J]. 中国社会科学，2013（8）：67 – 84，205 – 206.

[8] 陈烨等. 增值税转型对就业负面影响的 CGE 模拟分析 [J]. 经济研究，2010（9）：29 – 42.

[9] 陈钊，王旸. "营改增" 是否促进了分工：来自中国上市公司的证据 [J]. 管理世界，2016（3）：36 – 45，59.

[10] 程凌，张金水，潘慧峰. 内外资企业所得税改革效果分析：动态递推可计算一般均衡分析 [J]. 世界经济，2008（10）：56 – 70.

[11] 丛树海，夏锦良. 产品税—增值税比较研究——兼论我国流转税改革方向 [J]. 财贸经济，1991（1）：27 – 32，20.

[12] 董庆铮. 搞活国营企业与税利分流的几点思考 [J]. 中央财政

金融学院学报，1992（2）：22 – 25.

　　[13] 范庆泉，周县华，张同斌. 动态环境税外部性、污染累积路径与长期经济增长——兼论环境税的开征时点选择问题 [J]. 经济研究，2016，51（8）：116 – 128.

　　[14] 范子英，刘甲炎. 为买房而储蓄——兼论房产税改革的收入分配效应 [J]. 管理世界，2015（5）：18 – 27，187.

　　[15] 范子英，彭飞. "营改增"的减税效应和分工效应：基于产业互联的视角 [J]. 经济研究，2017（2）：82 – 95.

　　[16] 高培勇. 中国财税改革 40 年：基本轨迹、基本经验和基本规律 [J]. 经济研究，2018，53（3）：4 – 20.

　　[17] 高亚军. 我国个人所得税调节居民收入分配的有效性研究 [J]. 税务研究，2015（3）：72 – 78.

　　[18] 葛静. "营改增"后重构我国地方税体系的思路和选择 [J]. 税务研究，2015（2）：57 – 61.

　　[19] 郭玲，刘跃. 房产税改革对我国地方财政的影响——以沪、渝房产税改革试点方案为样本 [J]. 税务研究，2011（12）：38 – 40.

　　[20] 郭庆旺，吕冰洋. 地方税系建设论纲兼论零售税的开征 [J]. 税务研究，2013（11）：9 – 14.

　　[21] 郭庆旺，吕冰洋. 中国分税制：问题与改革 [M]. 北京：中国人民大学出版社，2014.

　　[22] 郭庆旺，赵志耘. 公共经济学 [M]. 北京：高等教育出版社，2010.

　　[23] 国家税务总局. 中国税务年鉴 [M]. 北京：中国税务出版社，历年.

　　[24] 国家统计局. 中国统计年鉴 [M]. 北京：中国统计出版社，历年.

　　[25] 国家统计局贸易外经统计司. 中国贸易外经统计年鉴 [M]. 北京：中国统计出版社，2016.

　　[26] 国家统计局人口和就业统计司. 中国人口和就业统计年鉴 [M]. 北京：中国统计出版社，2016.

　　[27] 韩存. 税收变化的投入产出模型分析——以增值税转型的宏观

经济影响为例 [J]. 税务研究, 2007 (5): 38-42.

[28] 洪诗晨."营改增"对研发和技术服务业税负的影响及建议 [J]. 税务研究, 2015 (11): 46-49.

[29] 贾绍华. 我国税收流失的测算分析与治理对策探讨 [J]. 财贸经济, 2002 (4): 39-44.

[30] 江泽民. 全面建设小康社会 开创中国特色社会主义事业新局面 [M]. 北京: 人民出版社, 2002.

[31] 蒋为. 增值税扭曲、生产率分布与资源误置 [J]. 世界经济, 2016 (5): 54-77.

[32] 蒋震, 高培勇. 渐进式推进个人房产税改革 [J]. 宏观经济研究, 2014 (6): 8-12, 28.

[33] 柯美成. 关于全面推行税利分流的思考 [J]. 经济管理, 1994 (1): 20-24.

[34] 李虹, 熊振兴. 生态占用、绿色发展与环境税改革 [J]. 经济研究, 2017, 52 (7): 124-138.

[35] 李虹. 两税合一对外国中小企业来华投资影响分析 [J]. 财政研究, 2007 (12): 38-40.

[36] 李萍. 财政体制简明图解 [M]. 北京: 中国财政经济出版社, 2010.

[37] 李青. 我国个人所得税对收入分配的影响不同来源数据与角度的考察 [J]. 财贸经济, 2012 (5): 37-44.

[38] 李文溥, 谢攀, 刘榆. 两税合并的要素收入份额影响研究 [J]. 南开经济研究, 2012 (1): 50-62.

[39] 梁若冰, 叶一帆. 营改增对企业间贸易的影响: 兼论试点的贸易转移效应 [J]. 财政研究, 2016 (2): 52-64.

[40] 梁伟, 张慧颖, 姜巍. 环境税"双重红利"假说的再检验——基于地方税视角的分析 [J]. 财贸研究, 2013, 24 (4): 110-117, 125.

[41] 刘凤良, 吕志华. 经济增长框架下的最优环境税及其配套政策研究——基于中国数据的模拟运算 [J]. 管理世界, 2009 (6): 40-51.

[42] 刘璟, 袁诚. 增值税转型改变了企业的雇佣行为吗——对东北增值税转型试点的经验分析 [J]. 经济科学, 2012 (1): 103-114.

[43] 刘克崮，贾康. 中国财税改革三十年：亲历与回顾 [M]. 北京：经济科学出版社，2008.

[44] 刘克崮. 企业所得税"两法"合并：中国税制改革新的里程碑 [J]. 管理世界，2007 (3)：1 - 3.

[45] 刘修文. 试论税制改革中的几个问题 [J]. 中央财政金融学院学报，1986 (3)：16 - 19.

[46] 刘扬，冉美丽，王忠丽. 个人所得税、居民收入分配与公平——基于中美个人所得税实证比较 [J]. 经济学动态，2014 (1)：9 - 17.

[47] 刘怡，耿纯. 金融业"营改增"对制造业企业影响估算 [J]. 税务研究，2015 (11)：29 - 36.

[48] 刘怡，胡祖铨，胡筱丹. 工薪所得个人所得税税率的累进设计问题与改进 [J]. 税务研究，2010 (9)：25 - 28.

[49] 刘怡，李智慧，耿志祥. 婚姻匹配、代际流动与家庭模式的个税改革 [J]. 管理世界，2017 (9)：60 - 72.

[50] 刘怡，袁佳. 增值税分享对产能过剩的影响 [J]. 北京大学学报（哲学社会科学版），2015，52 (2)：115 - 123.

[51] 刘元生，杨澄宇，袁强. 个人所得税的收入分配效应 [J]. 经济研究，2013 (1)：99 - 109.

[52] 刘志诚. 国营企业实行利改税的几个问题 [J]. 经济研究，1983 (7)：51 - 55.

[53] 刘仲藜. 财税改革的历史机遇 [N]. 中国财经报，2008 - 12 - 11 (001).

[54] 陆铭，陈钊. 分割市场的经济增长——为什么经济开放可能加剧地方保护？[J]. 经济研究，2009，44 (3)：42 - 52.

[55] 吕冰洋，樊勇. 分税制改革以来税收征管效率的进步和省际差别 [J]. 世界经济，2006 (10)：69 - 77，96.

[56] 吕冰洋，郭庆旺. 中国税收高速增长的源泉：税收能力和税收努力框架下的解释 [J]. 中国社会科学，2011 (2)：76 - 90，221 - 222.

[57] 吕冰洋. 零售税的开征与分税制的改革 [J]. 财贸经济，2013 (10)：17 - 26.

[58] 毛德凤，刘华. 营改增对企业纳税遵从的影响 [J]. 税务研究，

2017（7）：18 – 24.

[59] 毛捷，赵静，黄春元. 增值税全面转型对投资和就业的影响——来自 2008 — 2009 年全国税收调查的经验证据 [J]. 财贸经济，2014（6）：14 – 24.

[60] 毛泽东. 论十大关系 [M]. 北京：人民日报出版社，1976.

[61] 米增渝，刘霞辉，刘穷志. 经济增长与收入不平等财政均衡激励政策研究 [J]. 经济研究，2012（12）：43 – 54，151.

[62] 倪红福，龚六堂，王茜萌. "营改增"的价格效应和收入分配效应 [J]. 中国工业经济，2016（12）：23 – 39.

[63] 倪婷婷，王跃堂. 增值税转型、集团控制与企业投资 [J]. 金融研究，2016a（1）：160 – 175.

[64] 倪婷婷，王跃堂. 增值税转型与企业投资价值相关性——基于集团控制与产权视角的分析 [J]. 经济学动态，2016b（7）：88 – 97.

[65] 聂辉华，方明月，李涛. 增值税转型对企业行为和绩效的影响——以东北地区为例 [J]. 管理世界，2009（5）：17 – 24，35.

[66] 牛泽厚. "两法"合并的经济学分析 [J]. 税务研究，2007（9）：28 – 31.

[67] 钱冠林，王力. 中国税收 30 年 [M]. 北京：中国税务出版社，2009.

[68] 申广军，陈斌开，杨汝岱. 减税能否提振中国经济？——基于中国增值税改革的实证研究 [J]. 经济研究，2016（11）：70 – 82.

[69] 施文泼，贾康. 增值税"扩围"改革与中央和地方财政体制调整 [J]. 财贸经济，2010（11）：46 – 51，145.

[70] 史耀斌. 实行税利分流，逐步理顺国家与企业的分配关系 [J]. 经济管理，1990（12）：35 – 39.

[71] 税务稽查编写组. 税务稽查工作规程操作指南 [M]. 长春：长春出版社，1996.

[72] 司言武. 环境税"双重红利"假说述评 [J]. 经济理论与经济管理，2008（1）：34 – 38.

[73] 童健，武康平，薛景. 我国环境财税体系的优化配置研究——兼论经济增长和环境治理协调发展的实现途径 [J]. 南开经济研究，2017

（6）：40 - 58.

[74] 童锦治，苏国灿，魏志华．"营改增"、企业议价能力与企业实际流转税税负——基于中国上市公司的实证研究 [J]．财贸经济，2015（11）：14 - 26.

[75] 万华林，朱凯，陈信元．税制改革与公司投资价值相关性 [J]．经济研究，2012（3）：65 - 75.

[76] 王宝顺，于海峰．我国税收征管效率评价问题研究 [J]．税务研究，2012（3）：77 - 81.

[77] 王进猛，茅宁．"两税"合并对内外资企业资本结构的影响 [J]．经济理论与经济管理，2006（12）：36 - 40.

[78] 王玉兰，李雅坤．"营改增"对交通运输业税负及盈利水平影响研究——以沪市上市公司为例 [J]．财政研究，2014（5）：41 - 45.

[79] 魏楚，郑新业．能源效率提升的新视角——基于市场分割的检验 [J]．中国社会科学，2017（10）：90 - 111，206.

[80] 习近平．决胜全面建成小康社会夺取新时代中国特色社会主义伟大胜利 [M]．北京：人民出版社，2017.

[81] 项怀诚．坚持税利分流改革方向进一步推进和扩大税利分流试点 [J]．中央财政金融学院学报，1992（1）：7 - 12.

[82] 谢旭人．深入学习实践科学发展观，进一步推进财政改革与发展 [M]．北京：人民出版社，2009.

[83] 谢旭人．中国财政改革三十年 [M]．北京：中国财政经济出版社，2008.

[84] 邢斐，何欢浪．贸易自由化、纵向关联市场与战略性环境政策——环境税对发展绿色贸易的意义 [J]．经济研究，2011，46（5）：111 - 125.

[85] 徐建炜，马光荣，李实．个人所得税改善中国收入分配了吗——基于对 1997 — 2011 年微观数据的动态评估 [J]．中国社会科学，2013（6）：53 - 71，205.

[86] 徐静，岳希明．税收不公正如何影响收入分配效应 [J]．经济学动态，2014（6）：60 - 68.

[87] 徐现祥，李郇．市场一体化与区域协调发展 [J]．经济研究，

2005（12）：57-67.

[88] 徐幼民．论对产品税和增值税的比较研究——兼与丛树海、夏锦良同志商榷 [J]．财贸经济，1991（7）：42-44.

[89] 许伟，陈斌开．税收激励和企业投资——基于2004—2009年增值税转型的自然实验 [J]．管理世界，2016（5）：9-17.

[90] 杨卫华，郑洁燕．"两法"合并对广东省外商投资企业的影响 [J]．税务研究，2007（9）：20-25.

[91] 杨玉萍，郭小东．营改增如何影响居民间接税负担和收入再分配 [J]．财贸经济，2017（8）：5-19，97.

[92] 姚朝智．对现行税制的剖析及改革的几点思考 [J]．经济问题探索，1989（7）：25-28.

[93] 尹利锋，王玉涛，邓奕红．"两法"合并对企业税负影响的政策效应 [J]．税务研究，2011（9）：18-21.

[94] 尹音频，魏彧，敏洁．保险业营改增的产业波及效应分析——基于投入产出法的测算 [J]．税务研究，2017（11）：60-64.

[95] 岳树民，卢艺，岳希明．免征额变动对个人所得税累进性的影响 [J]．财贸经济，2011（2）：18-24，61.

[96] 岳树民，卢艺．我国个人所得税免征额界定的比较分析 [J]．税务与经济，2009（5）：1-5.

[97] 岳树民．关于现行个人所得税税前扣除问题的探讨 [J]．财贸经济，2005（2）：40-43，97.

[98] 岳树民．扩大增值税抵扣范围中部地区试点与全国推行 [J]．中国税务，2007（8）：16-17.

[99] 岳希明，徐静．我国个人所得税的居民收入分配效应 [J]．经济学动态，2012（6）：16-25.

[100] 岳希明等．2011年个人所得税改革的收入再分配效应 [J]．经济研究，2012（9）：113-124.

[101] 詹鹏，李实．我国居民房产税与收入不平等 [J]．经济学动态，2015（7）：14-24.

[102] 张培森．税收成本与效率研究 [J]．财政研究，2000（4）：58-60，63.

［103］张平，侯一麟. 房地产税的纳税能力、税负分布及再分配效应［J］. 经济研究，2016，51（12）：118 – 132.

［104］张卫国，任燕燕，花小安. 地方政府投资行为、地区性行政垄断与经济增长——基于转型期中国省级面板数据的分析［J］. 经济研究，2011，46（8）：26 – 37.

［105］张新，安体富. "营改增"减收效应分析［J］. 税务研究，2013（10）：9 – 13.

［106］赵峰. 改革税收制度促进企业间横向联合［J］. 财政研究，1987（2）：44 – 46.

［107］赵树宽，石涛，鞠晓伟. 区际市场分割对区域产业竞争力的作用机理分析［J］. 管理世界，2008（6）：176 – 177.

［108］郑毓盛，李崇高. 中国地方分割的效率损失［J］. 中国社会科学，2003（1）：64 – 72，205.

［109］中国财政年鉴编委会. 中国财政年鉴［M］. 北京：中国财政杂志社，历年.

［110］朱青. 个人所得税免征额初探［J］. 税务研究，2003（10）：46 – 49.

［111］朱青. 完善我国地方税体系的构想［J］. 财贸经济，2014（5）：5 – 13.

［112］朱彦，易勇. 新企业所得税法对财政经济影响分析基于对深圳市的调查［J］. 财政研究，2008（7）：37 – 40.

［113］Alm, J. , Lee, F. , Wallace, S. *How Fair? Changes in Federal Income Taxation and The Distribution of Income*, 1978 To 1998［J］. *Journal of Policy Analysis and Management*, 2005, 24（1）：5 – 22.

［114］Li, S. , S. Lin, S. Narayanan. *The Effect of an Introduction of Retail Sales Tax in China*［J］. *Asian Economic Papers*, 2018, 17（2）：1 – 20.

［115］Li, S. , S. Lin. *Taxing Housing Property in China*［N］. Working Paper, 2018 – 08 – 29.

［116］Lin, Shuanglin. *China's Capital Tax Reforms in an Open Economy*［J］. *Journal of Comparative Economics*, 2004（32）：128 – 147.

［117］Wagner A. 1958, *Three Extracts on Public Finance*［C］. Musgrave

R. A. , Peacock A. T. *Classics in the Theory of Public Finance* ［M］. London：Palgrave Macmillan，1958.

（二）主要政策法规条例

［1］财政部，国家税务总局. 财政部、国家税务总局关于做好增值税发票防伪税控系统试点工作有关问题的通知［Z］.1994.

［2］财政部，国家税务总局. 财政部、国家税务总局关于企业所得税若干优惠政策的通知［Z］.1994 - 03 - 29.

［3］财政部，国家税务总局. 财政部、国家税务总局关于印发企业所得税若干政策问题的规定的通知［Z］.1994 - 05 - 13.

［4］财政部，国家税务总局，海关总署. 财政部、国家税务总局、海关总署关于西部大开发税收优惠政策问题的通知［Z］.2001 - 12 - 30.

［5］财政部，国家税务总局. 财政部、国家税务总局关于下岗失业人员再就业有关税收政策问题的通知［Z］.2002 - 12 - 27.

［6］财政部，国家税务总局. 财政部、国家税务总局关于印发东北地区扩大增值税抵扣范围若干问题的规定的通知［Z］.2004 - 09 - 14.

［7］财政部，国家税务总局. 财政部、国家税务总局关于落实振兴东北老工业基地企业所得税优惠政策的通知［Z］.2004 - 09 - 20.

［8］财政部，国家税务总局. 财政部、国家税务总局关于印发中部地区扩大增值税抵扣范围暂行办法的通知［Z］.2007 - 05 - 11.

［9］财政部，国家税务总局. 财政部、国家税务总局关于印发内蒙古东部地区扩大增值税抵扣范围暂行办法的通知［Z］.2008 - 07 - 02.

［10］财政部，国家税务总局. 财政部、国家税务总局关于印发汶川地震受灾严重地区扩大增值税抵扣范围暂行办法的通知［Z］.2008 - 08 - 01.

［11］财政部，国家税务总局. 财政部、国家税务总局关于全国实施增值税转型改革若干问题的通知［Z］.2008 - 12 - 19.

［12］财政部，国家税务总局. 财政部、国家税务总局关于小型微利企业有关企业所得税政策的通知［Z］.2009 - 12 - 02.

［13］财政部，国家税务总局. 财政部、国家税务总局关于印发营业税改征增值税试点方案的通知［Z］.2011 - 11 - 16.

［14］财政部，国家税务总局. 财政部、国家税务总局关于在上海市开展交通运输业和部分现代服务业营业税改征增值税试点的通知［Z］. 2011 - 11 - 16.

［15］财政部，国家税务总局. 财政部、国家税务总局关于进一步鼓励软件产业和集成电路产业发展企业所得税政策的通知［Z］. 2012 - 04 - 20.

［16］财政部，国家税务总局. 关于在北京等8省市开展交通运输业和部分现代服务业营业税改征增值税试点的通知［Z］. 2012 - 08 - 01.

［17］财政部，国家税务总局. 开展交通运输业和部分现代服务业营业税改征增值税试点税收政策的通知［Z］. 2013 - 05 - 24.

［18］财政部，国家税务总局. 财政部、国家税务总局关于将铁路运输和邮政业纳入营业税改征增值税试点的通知［Z］. 2013 - 12 - 12.

［19］财政部，国家税务总局. 财政部、国家税务总局关于将电信业纳入营业税改征增值税试点的通知［Z］. 2014 - 04 - 29.

［20］财政部，国家税务总局，民政部. 财政部、国家税务总局、民政部关于调整完善扶持自主就业退役士兵创业就业有关税收政策的通知［Z］. 2014 - 04 - 29.

［21］财政部，国家税务总局. 财政部、国家税务总局关于全面推开营业税改征增值税试点的通知［Z］. 2016 - 03 - 23.

［22］财政部，国家税务总局. 财政部、国家税务总局关于简并增值税税率有关政策的通知［Z］. 2017 - 04 - 28.

［23］财政部. 关于扩大改革工商税制试点的报告、中华人民共和国工商税条例（草案）［Z］. 1972 - 03 - 31.

［24］财政部. 财政部关于改进合作商店和个体经济交纳工商所得税问题的通知［Z］. 1980 - 10 - 09.

［25］财政部. 财政部关于调整工商税若干产品税率和扩大征税项目的通知［Z］. 1982 - 06 - 10.

［26］财政部. 中华人民共和国营业税条例（草案）实施细则［Z］. 1984 - 09 - 18.

［27］财政部. 财政部关于对纺织产品试行增值税的规定［Z］. 1986 - 02 - 04.

［28］财政部.关于对日用机械、日用电器、电子产品和搪瓷制品、保温瓶试行增值税的通知［Z］.1986－05－17.

［29］财政部.中华人民共和国个人收入调节税暂行条例施行细则［Z］.1986－12－10.

［30］财政部.财政部关于调减部分轻工产品税收负担和扩大增值税试行范围的通知［Z］.1987－10－13.

［31］财政部.关于对建材、有色金属等产品试行增值税的通知［Z］.1988－06－03.

［32］财政部.财政部发布关于上海浦东新区鼓励外商减征、免征企业所得税和工商统一税的规定的通知［Z］.1990－09－27.

［33］财政部.国营企业实行"税利分流、税后还贷、税后承包"的试点办法［Z］.1991－08－14.

［34］财政部.关于将按预算外资金管理的收入纳入预算管理的通知［Z］.2010－06－01.

［35］财政部.财政部、税务总局关于调整增值税税率的通知［Z］.2018－04－04.

［36］财政部.财政部、税务总局关于统一增值税小规模纳税人标准的通知［Z］.2018－04－04.

［37］国家税务总局.国家税务局关于对工业性加工、工业性修理、修配改征增值税的通知［Z］.1989－03－13.

［38］国家税务总局.国家税务局关于税收征管计算机软件开发及推广应用工作有关问题的通知［Z］.1994－11－01.

［39］国家税务总局.国家税务总局关于继续推行增值税专用发票防伪税控系统的通知［Z］.1997－12－25.

［40］国家税务总局.国家税务总局关于进一步推行增值税防伪税控系统的通知［Z］.1999－07－27.

［41］国家税务总局.国家税务总局关于明确金税工程运行环境等有关问题的通知［Z］.2000－11－08.

［42］国家税务总局.国家税务总局关于印发《国家税务总局关于加速税收征管信息化建设推进征管改革的试点工作方案》的通知［Z］.2001－12－03.

［43］国家税务总局. 国家税务总局关于进一步明确推行防伪税控系统和金税工程二期完善与拓展有关工作的通知［Z］. 2003 – 02 – 14.

［44］国家税务总局. 国家税务总局关于印发《2002—2006 年中国税收征收管理战略规划纲要》的通知［Z］. 2003 – 03 – 10.

［45］国家税务总局，国家工商行政管理总局. 国家税务总局、国家工商行政管理总局关于工商登记信息和税务登记信息交换与共享问题的通知［Z］. 2003 – 07 – 02.

［46］国家税务总局. 国家税务总局关于进一步加强税收征管基础工作若干问题的意见［Z］. 2003 – 10 – 22.

［47］国家税务总局. 国家税务总局关于进一步加强税收征管工作的若干意见［Z］. 2004 – 08 – 24.

［48］国家税务总局. 国家税务总局关于印发《关于进一步规范国家税务局系统机构设置明确职责分工的意见》的通知［Z］. 2004 – 09 – 03.

［49］国家税务总局. 国家税务总局关于印发《纳税评估管理办法（试行）》的通知［Z］. 2005 – 03 – 11.

［50］国家税务总局. 国家税务总局关于印发《税收管理员制度（试行）》的通知［Z］. 2005 – 03 – 11.

［51］国家税务总局. 国家税务总局关于旅店业和饮食业纳税人销售食品有关税收问题的公告［Z］. 2011 – 11 – 24.

［52］国务院. 中华人民共和国工商统一税条例（草案）［Z］. 1958 – 09 – 13.

［53］国务院. 国务院批准财政部制定的集市交易税试行规定的通知［Z］. 1962 – 04 – 16.

［54］国务院. 国务院批转财政部关于利改税工作会议的报告和〈关于国营企业利改税试行办法〉的通知［Z］. 1983 – 04 – 24.

［55］国务院. 国务院关于发布〈国营企业奖金税暂行规定〉的通知［Z］. 1985 – 07 – 03.

［56］国务院. 国营企业调节税征收办法［Z］. 1984 – 08 – 18.

［57］国务院. 国营企业第二步利改税试行办法［Z］. 1984 – 09 – 18.

［58］国务院. 中华人民共和国产品税条例（草案）［Z］. 1984 – 09 – 18.

［59］国务院．中华人民共和国国营企业所得税条例（草案）［Z］．1984－09－18.

［60］国务院．中华人民共和国营业税条例（草案）［Z］．1984－09－18.

［61］国务院．中华人民共和国增值税条例（草案）［Z］．1984－09－18.

［62］国务院．中华人民共和国国务院关于经济特区和沿海十四个港口城市减征、免征企业所得税和工商统一税的暂行规定［Z］．1984－11－15.

［63］国务院．中华人民共和国集体企业所得税暂行条例［Z］．1985－04－11.

［64］国务院．国营企业奖金税暂行规定（1985修订）［Z］．1985－07－03.

［65］国务院．集体企业奖金税暂行规定［Z］．1985－08－24.

［66］国务院．事业单位奖金税暂行规定［Z］．1985－09－20.

［67］国务院．中华人民共和国城乡个体工商业户所得税暂行条例［Z］．1986－01－07.

［68］国务院．关于对来华工作的外籍人员工资、薪金所得减征个人所得税的暂行规定［Z］．1987－08－08.

［69］国务院．中华人民共和国私营企业所得税暂行条例［Z］．1988－06－25.

［70］国务院．国务院办公厅转发国家税务总局关于组建在各地的直属税务机构和地方税务局实施意见的通知［Z］．1993－12－09.

［71］国务院．中华人民共和国企业所得税暂行条例［Z］．1993－12－13.

［72］国务院．中华人民共和国消费税暂行条例［Z］．1993－12－13.

［73］国务院．中华人民共和国营业税暂行条例［Z］．1993－12－13.

［74］国务院．中华人民共和国增值税暂行条例［Z］．1993－12－13.

［75］国务院．国务院批转国家税务总局工商税制改革实施方案的通知［Z］．1993－12－25.

［76］国务院．中华人民共和国个人所得税法实施条例［Z］．1994－

01 - 28.

　　［77］国务院.国务院关于加强预算外资金管理的决定［Z］.1996 - 07 - 06.

　　［78］国务院.国务院办公厅关于转发国家税务总局深化税收征管改革方案的通知［Z］.1997 - 01 - 23.

　　［79］国务院.中华人民共和国个人所得税法实施条例（2005 修订）［Z］.2005 - 12 - 19.

　　［80］国务院.国务院关于实施企业所得税过渡优惠政策的通知［Z］.2007 - 12 - 26.

　　［81］国务院.中华人民共和国个人所得税法实施条例（2008 修订）［Z］.2008 - 02 - 18.

　　［82］国务院.中华人民共和国营业税暂行条例（2008 修订）［Z］.2008 - 11 - 10.

　　［83］国务院.中华人民共和国房产税暂行条例（2011 修订）［Z］.2011 - 01 - 08.

　　［84］国务院.上海市开展对部分个人住房征收房产税试点的暂行办法［Z］.2011 - 01 - 28.

　　［85］国务院.重庆市人民政府关于进行对部分个人住房征收房产税改革试点的暂行办法和重庆市个人住房房产税征收管理实施细则［Z］.2011 - 01 - 28.

　　［86］国务院.中华人民共和国个人所得税法实施条例（2011 修订）［Z］.2011 - 07 - 19.

　　［87］国务院.中华人民共和国城镇土地使用税暂行条例（2013 修订）［Z］.2013 - 12 - 07.

　　［88］国务院，全面推开营改增试点后调整中央与地方增值税收入划分过渡方案的通知［Z］，2016 - 04 - 29.

　　［89］国务院.国务院关于印发全面推开营改增试点后调整中央与地方增值税收入划分过渡方案的通知［Z］.2016 - 04 - 29.

　　［90］国务院.重庆市人民政府关于修订《重庆市关于开展对部分个人住房征收房产税改革试点的暂行办法》和《重庆市个人住房房产税征收管理实施细则》的决定［Z］.2017 - 01 - 13.

［91］金人庆．统一思想　做好准备　大力推进税收信息化建设——在全国税务系统信息化建设工作会议上的讲话［Z］．北京：《国家税务总局公报》编辑部，2002．

［92］全国人民代表大会．中华人民共和国个人所得税法［Z］．1980－09－10．

［93］全国人民代表大会．中华人民共和国中外合资经营企业所得税法［Z］．1980－09－10．

［94］全国人民代表大会．中华人民共和国外商投资企业和外国企业所得税法［Z］．1991－04－09．

［95］全国人民代表大会．中华人民共和国预算法［Z］．1994－03－22．

［96］全国人民代表大会．中华人民共和国企业所得税法［Z］．2007－03－16．

［97］全国人大常委会．中华人民共和国工商统一税条例（草案）［Z］．1958－09－13．

［98］全国人大常委会．中华人民共和国农业税条例［Z］．1958－06－03．

［99］全国人民代表大会常务委员会．中华人民共和国个人所得税法［Z］．1980－09－01．

［100］全国人大常委会．中华人民共和国外国企业所得税法［Z］．1981－12－13．

［101］全国人民代表大会常务委员会．中华人民共和国个人所得税法（1980）［Z］．1980－09－10．

［102］全国人民代表大会常务委员会．中华人民共和国个人所得税法（1993修正）［Z］．1993－10－31．

［103］全国人民代表大会常务委员会．中华人民共和国个人所得税法（1993修正）［Z］．1993－10－31．

［104］全国人民代表大会常务委员会．中华人民共和国个人所得税法（2005修正）［Z］．2005－10－27．

［105］全国人民代表大会常务委员会．中华人民共和国个人所得税法（2007第二次修正）［Z］．2007－12－29．

［106］全国人民代表大会常务委员会．中华人民共和国个人所得税法（2011 修正）［Z］．2011 - 06 - 30.

［107］全国人民代表大会常务委员会．中华人民共和国环境保护税法［Z］．2016 - 12 - 25.

［108］全国人民代表大会常务委员会．中华人民共和国个人所得税法（2018 修正）［Z］．2018 - 08 - 31.

［109］政务院．工商业税暂行条例［Z］．1950 - 01 - 31.

［110］政务院．全国税政实施要则［Z］．1950 - 01 - 31.

［111］政务院．关于全国盐务工作的决定［Z］．1950 - 03 - 11.

［112］政务院．契税暂行条例［Z］．1950 - 04 - 03.

［113］政务院．屠宰税暂行条例［Z］．1950 - 12 - 19.

［114］政务院．中华人民共和国城市房地产税暂行条例［Z］．1951 - 08 - 08.

［115］政务院．中华人民共和国车船使用牌照税暂行条例［Z］．1951 - 09 - 13.

［116］中共中央办公厅，国务院办公厅．中共中央办公厅、国务院办公厅关于转发财政部《关于对行政性收费、罚没收入实行预算管理的规定》的通知［Z］．1993 - 10 - 09.

［117］中共中央．中共中央关于建立社会主义市场经济体制若干问题的决定［Z］．1993 - 11 - 04.

［118］中共中央，国务院．中共中央、国务院关于实施东北地区等老工业基地振兴战略的若干意见［Z］．2003 - 10 - 05.